Richard Maria Werner

Die Basler Bearbeitung von Lambrechts Alexander

Richard Maria Werner

Die Basler Bearbeitung von Lambrechts Alexander

ISBN/EAN: 9783337737221

Hergestellt in Europa, USA, Kanada, Australien, Japan

Cover: Foto ©ninafisch / pixelio.de

Weitere Bücher finden Sie auf **www.hansebooks.com**

DIE

BASLER BEARBEITUNG

VON

LAMBRECHTS ALEXANDER.

———

UNTERSUCHT VON

DR. RICHARD MARIA WERNER,
PRIVATDOCENTEN AN DER UNIVERSITÄT IN GRAZ.

———

WIEN, 1879.

IN COMMISSION BEI KARL GEROLD'S SOHN
BUCHHÄNDLER DER KAIS. AKADEMIE DER WISSENSCHAFTEN.

Abkürzungen.

Einleitung.

Die Beliebtheit eines mhd. Gedichtes lässt sich am besten aus der Zahl der Ueberarbeitungen oder Modernisierungen ermessen. Der veränderte Geschmack sucht sich das Anerkannte früherer Perioden mundgerecht zu machen. Bei einzelnen Gedichten, so bei dem Tristrant des Eilhart von Oberge, lässt sich

1*

die Tradition bis in die Zeit der Volksbücher hinein verfolgen. Dadurch ist Gelegenheit zu beobachten, was in Sprache und Kunst als veraltet erschien, was dagegen noch gäng und gäbe war. Aehnlich wie mit dem genannten Werke [1] verhält es sich mit den Gedichten vom Herzog Ernst, Roland u. a.

Auch des Pfaffen Lambrechts Alexander scheint sich einer gewissen Berühmtheit erfreut zu haben, da die bisher veröffentlichten Hss. V und M zwei verschiedene Bearbeitungen einer verlorenen Darstellung A vertreten; es ist merkwürdig zu sehen, wie rasch die von V repräsentierte Fassung nicht mehr salonfähig war, wenn ich so sagen darf.

Wie nun W. Wackernagel [2] zuerst nachwies, findet sich noch eine dritte Hs. dieses Werkes in einer Basler Weltchronik des fünfzehnten Jahrhunderts. Dass sie eine neuerliche Umarbeitung darbiete, liess sich aus der kurzen Probe bei Wackernagel entnehmen, allein bisher hat sich noch Niemand eingehender mit ihr beschäftigt, obwohl gerade die Wichtigkeit und Schönheit des Gedichts, wie die Art der Ueberlieferung dazu aufgefordert hätte. Durch Prof. Scherer wurde ich auf diese Quelle gewiesen, [3] erhielt unter Prof. E. Steinmeyers freundlicher Vermittlung die Hs. nach Strassburg gesandt, wo ich im November und December 1876 die betreffenden Theile abschrieb. [4]

Da sich nun ergab, dass B in vielen Punkten näher mit V stimme und auch sonst manche interessante Seite der Forschung darbiete, da ferner die Wichtigkeit von Lambrechts Alexander selbst Publication einer jungen Hs. entschuldigt, gedenke ich demnächst einen getreuen Abdruck zu veranstalten. Das Manuscript ist bereits fertig gestellt, und sucht durch Interpunction, Bezeichnung der Lücken und textkritische Bemerkungen Einiges zu einer künftigen kritischen Ausgabe beizutragen, die wünschenswerth erscheint, aber Schwierigkeiten genug bieten wird. [5]

---

[1] Vgl. F. Lichtenstein QF. XIX und Zur Kritik des Prosaromans Tristrant und Isalde. Breslau. 1877.

[2] Die altdeutschen Handschriften der Basler Universitätsbibliothek. Basel 1836. S. 31 ff.

[3] Cf. QF. VII S. 60.

[4] Der Alexander beginnt Bl. 22ᵃ. 2 und endet Bl. 67ᵇ. 1; doch finden sich schon Bl. 21ᵃ. 1 ff. Hindeutungen auf die Erzählung, welche ich unten mittheile.

[5] Ich beziehe mich im Folgenden immer auf meine Verszählung.

Für die Lösung dieser Aufgabe ist die nächstliegende Frage die, in wie weit die einzelnen Hss. den ursprünglichen Text A bewahren und wie sie sich zu einander verhalten. Mit diesem Gegenstande beschäftigte sich zuerst eingehender Dr. Harczyk [1] und gelangte zu einem ganz anderen Resultate als Weismann. Nach Harczyk liegt uns in *V der ursprünglichere Text vor, während *M eine jüngere Bearbeitung darstellt. Dieses schon nach dem Alter der Hss. wahrscheinliche Verhältniss kann als fester Anhaltspunkt bei der folgenden Betrachtung, welche als eine Einleitung zum Basler Texte gedacht ist, vorausgesetzt werden; die von Harczyk geltend gemachten Gründe sind wohl von Niemandem bezweifelt.

Er gieng von dem Verhältnisse zur romanischen Vorlage aus, die in V treuer als in M wiedergegeben ist; da sie uns aber nur in einem ganz geringen Reste erhalten ist, [2] musste sich Harczyk auf die Einleitung beschränken; für das Weitere war wohl Analogieschluss, aber kein Beweis zu gewinnen. Es ist daher meine erste Aufgabe zu untersuchen, ob B in dieser Frage herangezogen werden kann und welche Stellung es zu A V M einnimmt. Folgende Punkte sind hiebei zu betrachten.

I. B stimmt zu V gegenüber M. Dabei bieten entweder B V 1. einen gemeinsamen Fehler, oder 2. lässt sich ein Fehler in B nur aus der Lesart von V erklären, oder endlich 3. stimmen B V im Richtigen und Ursprünglichen.

II. B stimmt zu M gegenüber V.

III. B steht allein. 1. ist es dann entweder bei der Frage nach A gar nicht zu berücksichtigen, oder aber 2. es überliefert allein das Richtige. Letzteres ist nur in ganz vereinzelten Fällen nachweisbar, während die selbständigen Aenderungen meist dem Streben zu modernisieren oder zu kürzen entspringen. Der Fall, in dem alle drei Hss. übereinstimmen, kommt natürlich bei unserer Frage nicht in Betracht.

---

[1] Zeitschrift für deutsche Philologie Bd. IV. S. 1 ff.

[2] Ob aus der französischen Bearbeitung von Alberichs Gedicht, über die zuerst Paul Meyer (in der Revue critique 1868. I. 68) und dann Bartsch (im Jahrbuch für romanische und englische Literatur XI S. 167 ff.) Nachricht gaben, viel für das Werk Lambrechts zu gewinnen sein wird, erscheint mir nach der Probe bei Bartsch zweifelhaft. Näheres über die zwei Hss. in Paris und Venedig wurde mir nicht bekannt; auch konnte ich nicht constatieren, ob die über diesen Gegenstand in Aussicht gestellte grössere Arbeit von Paul Meyer schon publiciert worden sei.

I. Capitel.

B stimmt zu V gegenüber M.

1. Gemeinsame Fehler in BV.

Dass V durchaus nicht fehlerfrei sei, bemerkte jeder Leser und Dr. Harczyk hob es ausdrücklich hervor; V hat auch Lücken aufzuweisen, von denen B einige theilt. B — dies muss ich vorausschicken — hat viele Lücken, die bei der Untersuchung über das Hss.-Verhältniss durchaus ohne Belang sind, sie werden daher hier nicht weiter berücksichtigt.

Von Wichtigkeit ist vor Allem Folgendes: B 1262 ff., entsprechend V 211, 14 ff. M 1396 ff. Die Ueberlieferung stellt sich so:

V	M	B
er ne wurdes niemer ze fro	*er ne wrdis njemer fro*	*des wer er niut gewesen fro*
wande ez gescah siht also	*wandiz gescah ime also*	
daz ir mere was der ime da toht belaib	*daz ime me lute tot bleip,*	*wand der sinen dot gelag*
	des sagen ih b di warheit,	
tan der inerhalb tyre ware	*dan der in tyro ware*	*me den in tirye der stat.*
weder geste oder burgare.	*geste oder burgere.*	

Hier fehlt in V offenbar die Reimzeile auf *belaib*, und B stimmt mit ihr in diesem Fehler überein. M hat zwar ähnliche Verse wie *des sagen ih b di warheit* seinem jüngeren Character gemäss und zur Herstellung gleicher Verslänge oftmals eingesetzt, wie die Zusammenstellungen bei Harczyk zeigen: doch kommen Versicherungen dieser Art auch bei V vor; freilich gerade der hier von M überlieferte Reim findet sich sonst nicht in V; *belaib* steht nur im Reim auf *treib* S. 202, 25. 206, 20. 213, 21. Die Composita mit *-heit* reimen: 184, 1 *mūzecheit : uersteit*; 183, 17 *itelcheit*, 188, 3 *wisscheit*, 188, 8 *chundicheit : geit* oder *geht*; 192, 7 *paltheit*, 201, 9 *sicherheit*, 221, 22 *chintheit : reiht*; 190, 7 *gelegenheit : geleit*, 197, 4 *vrumicheit : laeiht,*

(213, 26 *frŭmmichcheit* : *leit*); 203, 12 *ubermŭtecheit* : *breit*; 184, 21 *salicheit* : *kundecheit*; 194, 22 *smaheit* : *tŭht*. Flickverse aber der genannten Art kennt V auch: *a*) B e t h e u e r u n g e n d e r W a h r h a f t i g k e i t: 186, 14 *daz ich iv uon ime sage daz ist war*. 187, 5 *daz sagich iv ze ware*; 193, 4 *des mage ich iu sundere gesagen*. 196, 27 *daz ich iv zal ware sagen*; — 183, 14 *louc er so liŭge ich*. 208, 17 *min wan ne triege mich*. 224, 15 *so ich sicher bin*. — 186, 9 *globeht mir des ich iv sage*. — (185, 2 *mit rehter warheit si sprach*). — *b*) B e r u f u n g a u f d i e Q u e l l e. 184, 7 f. *daz ne saget uns nehein puch noch neheiner slahte mare*. 224, 7 *da man uon ie gelas*. Vgl. 183, 8. — 186, 25 *alsus sagent die in ie gesachen*. — 186, 8 *Nu ne fressiht ich ê noh sint*. 195, 13 *ich ne freiste nie den der fername*. — *c*) F l i c k v e r s e a n d e r e r A r t. 184, 4 *unt ich ne wil mich niwit langer sparen*. 184, 26 *diser rede wil ich mich iruaren*. (194, 14 *ter rede willich nu gedagen*.) — 185, 10 *sinen uater ich wol genennen kan*. 185, 19 *ich sage ev wie ir name was*. 185, 28 *Nu wil ich eu uon alexanders sagen geburte*. 186, 18 *umbe sin gesune wil ich ivch bereiten*. 189, 18 *Von philippus stŭde wil ich iv sagen*. 206, 24 *Nu willich sagen allen die des niene chunnen*. 199, 9 *ich sage iv wie* . . . 223, 27 f. *nu wil ich iv chunden uber al*. 224, 3 f. *des willich. die fursten willich zellen*. 210, 7 *den mugent ir schiere uersten*. 192, 16 *als ir hie mŭt ferstan*. 206, 10 *noch mag ich iv sagen mere*. — 208, 24 *da ir noch ie abe horte gesagen*. 209, 15 *daz iz iv unzellich ist ze sagen*. 220, 18 *daz iv unzallich ware ze sagene*. — 183, 1 *daz sult ir rehte merchen*. 183, 8 *Diz mugit ir wol horen*. 187, 7. 204, 1. 221, 25. 225, 18 *Nu vernement* . . . 196, 11 *Nu uernement waz ich iv hie zele*.

Auch B sind solche Betheuerungen und Flickverse nicht fremd, z. B. 314 *des wil ich dir fŭr wor jhehen*. 224 *des solt du von mir gewis sin*. 412 f. *daz ich fŭr wor sagen mag vnd sin offenlichen gich*. 421 *ich sag ivch vŭr war*. Die Zusammenstellungen später.

Es wäre daher weder V noch B eingefallen, den Vers als überflüssig wegzulassen; auch die Unreinheit kann der Grund dazu nicht gewesen sein, denn ist es wahrscheinlich, dass B, dessen Reime sonst ganz rein sind (s. später), einen unreinen Reim durch einen anderen ersetzen wird? Freilich ist zuzugeben, dass B hier überhaupt ändert; doch was beweist dies?

Es fand einen wichtigen Vers vor, den es nöthig hatte zur Herstellung des Zusammenhanges; der darauf reimende Vers jedoch fehlte; das nächste Reimpaar liess sich leicht in einen einzigen Vers zusammenziehen, was lag daher näher als aus drei: zwei Verse zu machen, ohne dass auf den Reim gesehen wurde. Möglich wäre es, dass von M die auch in seiner Vorlage vorhandene Lücke durch einen Flickvers ausgefüllt worden sei; in diesem Falle würden V und B dann nur das Ursprüngliche erhalten und keinen gemeinsamen Fehler haben. Doch in V und B finden sich noch andere Lücken vor, so Vers 1381.

V 216, 5 ff.	M 1593 ff.	B 1378 ff. [1]
Darius sante einen brief	*Do sante darius einen brieb*	*Daryus zwen herzogen gebot*
zewein herzogen die waren ime lieb	*zvein herzogen, di jme waren lieb.*	
	der eine der hiz marius	
	der brieb nennet in alsus	
	vnde der ander tybotes	
unde bat daz si alexander	*er hiz si sere biten des daz si gegen alexandren kerten*	*daz sy allexander*
div scehf pesparten		*schiff zersteissen*
unde sin werten	*vnde jm daz land werten*	
unde daz si in wider stiezen	*vnde sines hohmutes widerstiezen*	
unde sie uber daz wazer niene liezen	*vnde vbir daz wazzer nit ne liezen*	
uber daz wazer eufrates	*eufraten heim ze lande uarn*	
daz was marios unde typotes		*der eine hies zibottes maryus der ander*
u. s. w.	u. s. w.	u. s. w.

---

[1] Erwähnt sei, dass B hier Prosa bietet.

In V fehlt die Reimzeile auf: *unde bat daz si alexander;*
von B wurde das *bat* verstärkt im ersten Verse gebracht; es
stimmt aber in seinem Verse mit der zweiten Hälfte von
V 216, 7 f., während M vollständig ändern musste, da es die
Namen der beiden Herzoge vorwegnahm. Hierauf in V und B
die Erwähnung der Schiffe, welche in M fehlt; in VB gemein-
sam die Anführung der Namen später als in M: mit einem
Worte, bei aller Kürzung doch genauer Anschluss von B an V.
Nun fehlt in V einer- und in B anderseits derselbe Vers, [1]
der in M nicht nöthig war, weil M sich auf andere Weise half:
darf man da getrennte Ueberlieferung annehmen? muss nicht
vielmehr gemeinsame Lücken in VB constatiert werden? —
Eine dritte Stelle ist Vers 1467.

V 219, 9 f	M 1738 f.	B 1464 f.
d wie mahte daz ie werden	*do sluch doh alexandren*	*menos den werden*
mennes sluch alexandern zu der erde	*mennes nider an daz gras*	*slug nider zu der erden*

Nun Zusatz von 10 Versen in M, die in V und B richtig
fehlen.

Alda wart ime der helm abge-prochen	*da wart alexandro sin helm*	*den helm er im zerbrach*
	uon dem houbete ge-brochen	
	da was uil nah ge-rochen	
	darius der ture degen	
	alexandro wart da gegeben	
der manegen grozer slege . . .	*manjc stoz unde slach*	*vnd slug vf in mit nide dar*
u. s. w.	u. s. w.	u. s. w.

---

[1] Man könnte vermuthen, in A habe gestanden:
  unde bat daz si im diu sceff pesparten
  unde sin [lende] werten,
allein die Nennung des Namens *Alexander* in allen drei Hss. scheint
dagegen zu sprechen, sowie der Reimpunkt, den V nach *alexander* bietet.

Bei dieser Uebereinstimmung von VB ist nichts weiter
anzuführen, die Thatsachen sprechen klar und deutlich, denn
hier kann in V nicht éin Vers, sondern es müssen drei zum
mindesten fehlen und B bietet zwar einen geglätteten Text,
aber dem Inhalte nach durchaus nicht mehr als V. Wenn B
aus *M stammte, wären die Aenderungen jedesfalls nicht erfolgt,
sie haben durchaus V zur Voraussetzung.

Anderer Art ist der gemeinsame Fehler in Vers 970 =
V 201, 14, doch fällt er in die grosse Lücke von M: es steht
nämlich in .V: *Kartanensen er enbot*, denn das in eckiger
Klammer befindliche [*gi*] ist eigene Ergänzung Diemers [1] und
B liest *ze Karttanison er sant.* Zwar ist B gerade in Namen
sehr unzuverlässig, doch bei der Gleichartigkeit der Ueber-
lieferung in V und B an der Gemeinsamkeit zu zweifeln ganz
unnöthig.

2. Fehler in B aus V zu erklären.

V 208, 7	M 1256	B 1163
til sach er stan dem herzogen	*do gesah er den herzogen (:ungelogen)*	*nun sach er an der zinnen stan den herzogen, dem*
dem al tyre was undertan	*dem tyren was vndertan*	*diryus was vnder tan.*
kegen ime uf der mure.	*uor sich uf di muren stan*	

Diemer schlägt in V Umstellung von *dem herzogen* vor,
ich zweifle, ob mit Recht, denn auch die Lesart von M ver-
langt, dass in der Vorlage ein unreiner Reim auf *herzogen*
gestanden haben müsse; sonst hätte keine Ursache vorgelegen
zu ändern. Auch B hatte offenbar den Verseinschnitt nach
stan angenommen, der Vers war ihm daher zu kurz erschienen
und es setzte *an der zinnen* ein, was es gewiss nicht gethan
hätte, wenn es der Lesart von M gefolgt wäre.

Dasselbe gilt von Vers 1246 f., nur liegt hier in V kein
Fehler vor.

---

[1] Wie aus der Anm. zu 36, 4 entnommen wird (vgl. zu 145, 12), aus-
drücklich wird es nicht erwähnt.

V 211, 3.	M 1380	. B 1246
so solt im div burch werden tiure	*so solde ime ouch di burch (:worf) wesen uil ture*	*die stat wer im gewessen diur*
gewuners nieht mit chriechissen fiure	*ne heter si mit den fure unde mit den mangen nit bestan*	*dene daz kreischy fiur*

Wie man sich das Missverständniss von B aus der Lesart von M erklären wollte, ist mir unerfindlich. Ebenso Vers 1477.

V 219, 18	M 1773	B 1476
der ander hiez ivbal	*ein riter der hiz iubal*	*ein graff der hies jubal,*
der sich uil ungerne in dem sturme hal	*der sih ungerne uerhal*	*des lob in dem strit erhal*

Das *hal* in V konnte missverstanden werden, während das *uerhal* von M ganz deutlich ist. B versteht nun das *hal* würklich falsch und verstärkt es durch *er-*, während es die in M fehlenden Worte *in dem strit* = *in dem sturme* richtig in seinen neuen Gedanken einfügt. Mit der Lesart von M hat B nur das *der* im ersten Vers gemein, das in V aber ganz gut von *ander* verschluckt sein kann.

B liest Vers 1324 mit offenbarem Missverständnisse: *wand es diuchte dich wider zem daz recht*, was syntaktisch sich nicht in den Zusammenhang fügt. V 213, 19 *wande ez ne ducht ivch gnade noch recht* erklärt den Fehler von B, welcher nach M 1494 *wande daz ne ware njwit recht* nicht verständlich wäre. Zu vergleichen ist noch die Aenderung in B Vers 1436—1440; darüber später. Dies sind die wichtigsten Fälle, die ich unter 1 und 2 aufzuführen habe, sonst überliefert B mit V das Richtige.

3. BV stimmen im Richtigen.

Hier muss geschieden werden, ob BV in der Ueberlieferung ganzer Scenen oder einzelner Verse stimmen; jener Fall führt auf die Frage nach den Quellen von B und findet daher erst Cap. IV. seine Besprechung. Hier beschränke ich

mich auf den zweiten Fall und zwar führe ich deshalb alle
Stellen an, in denen VB das wahrscheinlich Aeltere und Rich-
tige gegenüber M erhalten haben, um einen vorläufigen Begriff
von dem Werthe der Hs. B zu geben.

Vers 540 V *gesephte* B *geschofte*   M *gescafnisse.*

Vers 543 V *der munt was im als* ⎫   M *ime was sin munt*
        . einem esele getan ⎬   *dez wil ih û tvn kunt,*
    B *sin mul als ein essel was* ⎭   *alseime esele getan.*

   546 V *swanc* B *swach*   M *slang*

   598 V *ich ne weiz wederz ein ros*   M fehlt.[1]
           oder ein lewe dêht.

       B *ob es ros oder leow tût*

600 f. V *Btholomeus sprach zû dem* ⎫   M *ptolomeus vnde sprach*
        chinde ⎪
     herre ist buziual ein ros ⎪   *iz ist ein ros freislich*
      uil swinde ⎬
   B *do sprach potolomevs zû* ⎪
      dem kint ⎪
    her es ist ein ros geswind ⎭

V 191, 10 ff.	B 604 ff.	M 348 ff.
daz hat iuwer uater ingetan	*daz hat ivwer vatter in getan*	*din uater hatiz in getun*
under der stût ne mothe neichn bezzer gegen	*kein stût mag sôlichs niut gehan,*	*iz ne dorfte bezzer nie gegan*
er sprach herre ez ne hat nehein marslach in hûte	*kein marschalk hat es in siner hût:*	*under neheiner stute iz ne hat nieman in hute*
		wandiz ist uil freis- lich[2]
		sin stimme di ist eis- lich
wande ez erbizet ubele unt gûte	*wand es bisset übel vnd gût.*	*iz irbizit man unde wib.*

---

[1] Die Reime wurden von M in Ordnung gebracht.

[2] *freislich* ist ein Lieblingswort von M; hier jedoch wird es zum Ekel
   fünfmal wiederholt: V. 333. 338. 340. 344. 352.

Auch B hat hier die allzu langen Verse von V verändert, aber nicht durch Auflösung in mehrere Verse, wie M, sondern durch Kürzung.

V. 614   B V *alexander*   M *der here*

V. 631 f. B   V   M

B	V	M
daz ros woltte gegen im varn:	*Also buzival gegen im uz wolte varn*	*do sin daz ros wart gware*
als es in begunde an starn	*unt ez alexander ane begunde starn*	*unde er iz begunde anestare*

640 B *vnd nie zům an is kam*   M *er ne legete zovm noh seil*
    V *so der nie seil noch*   *dar ane*
       zom ane chom

646 f. V *Ein pote ilte dem chunge*   M [1] *Do wart daz langer nit*
      daz sagen   *uerdaget*
   er ne getorste er nieht   *dem kuninge wart do*
     uergen   *gesagit*
   B *ein bot iltte dem kunge sagen*
    vnd woltte niut vertagen

718 ff.   V   B   M

V	B	M
war eines tinges trag ich ivch ubelen můt	*eins dinges trag ich üblen můt,*	*wene ein dinc daz ih v clagen*
daz tunchet mich ze neuht gegůt	*mich dunket daz niut gůt,*	*unde in mjnem herzen tragen*
daz ir mine můter liezet ivwers willen	*daz ir min můtter wellent lan,*	*des han ih vil sveren mut.*
unt habet ein uber hůr gestellet	*sy über hůgen, ist bós getan.*	*ovh ne dunkit iz mir njwit gut*
ter rede willich niu gedagen	*die rede stet als si nun ste*	*daz ir mine muter*
iuer ezzen willich neuiht fersagen	*essent ich sol ivch niut sagen mee.*	*olympiaden di gute*

---

[1] M bietet hier den schlechteren Text, weil es die Erwähnung des Boten weglässt und die Reime umstellt.

V	B	M
nu wevn so mir dei ovgen da ich mit kesihe	doch samer min ögen	mir ze leide uerlazen hat
ich kedanche sin allen den hien	ich sprich daz ane lügen:	unde einen ubirhur begat
die disen rah habent gefrumit	ich dank sin allen den	mit einem anderen wibe
	die iuch den rat hant gegen	ih swære u daz bi mjneme libe sver disen rat hat ge- fromit . . .

737   B *als der tore dike dut*   M fehlt
     V *also diche der stolze man tuht*

1026   B[1] *von zorn er nider sas*   M *uon zorne begunder roten*
     V *mit zorn er der nider saz*   *uor ungemvte er nider saz*

1034   B *war sy ir sine tetten*   M *wa si ir wisheit taten*
     V *war si ir sin thadin*

1046   B *vnd mit schiffen vf dem mer*   M fehlt in diesem Zusammen-
     V *mit dem scephen in dem*   hange, Vers 1034
     mere   *mit schiffen uaren in daz mere*

1050   B *öch wertten sy sich ve-*   M *di werten ire selede*
     stenklich   *alse turlichen helide*
     V *si werten sich uone prise wole*

1053   B *zwenzig tusing der in-*   M *mê dan an hundrith tusunt.*
     ren was
     V *der in der burch was zwainzche thusen unde baz*

Die Erklärung der Aenderung von M ist leicht gegeben, wenn man sich dessen erinnert, was Lichtenstein zu Eilhart v. 6787 sagt[2]

---

[1] Ebenso heisst es in Eilharts Tristrant (QF XIX) Vers 4036 *der koning von zorne nedir saz und begunde burnen als ein kole.* M scheint also auch hier durch Eilhart zu einer Erweiterung verleitet zu sein, wie sich dies an einer anderen Stelle zeigt. Vgl. Lichtenstein S. CLIV f.

[2] Vgl. Weinhold Mhd. Gr. §. 320.

(QF XIX); wir müssen annehmen, in der Vorlage von M habe *zwēzig*
gestanden, wie in B; dies war leicht in *zēzig* verlesen und daraus
machte M *hundrith*, weil ihm die Form *zēnzig* veraltet erschien.
Ebenso muss es V. 1414 angenommen werden, wo sich gegenüber-
stehen: V 217, 13 *tusint man*, M 1649 *hundirttusint*, B *zwenzig
dusent*. A las sicher *zenzig tusint man*.

1054 B *sy slůgen im so vil si-*   M *si irslugen so vile (: wile)*
          nes heres   *alexandris heris*
      V *also uil sclugen si ime*
          sine hers

1060 B *hundert schiff er im*   M *der schiffe sluch er zegrunde*
          versankt   *vile daz si versunken.*
      V *daz siner scephe ein*
          hunderht ver-
          sunchen

1065 f. B .. *(hiesser) .. die schiff* M *vnde hiz balde wider gan*
          in die hab gan   *di schif in di habe*
      der wisse bedachte ...   (dem zweiten Verse entspricht
      V *er thets die secph wider*   nichts in M)
          in die habe gan
          Alexander bedathe sich.

1078 B *einloff tusing*   M *zilif tusint.*
      V *Einluph tusint*

1084 B *arabite*   M *arabes.*
      V *arabati*

1085 B *die den von tiryus wol*   M *di tyro gutis gunden*
          gůttes gunden
      V *die tyrin wole gůtes*
          (gunden)

1088 [1] B *sy namen in vil sweri*   M *ein phant si in namen*
          pfand
      V *si namen ein ungezogen-*
          lich phant.

1096 B *daz gessese bevall er ze*   M *den beualch er mit siner hant*
          hant   *(di er da wolde lazen)*
      V *den beualh erz gesez in*
          die hant.

---

[1] Ueber diese Stelle später Näheres.

2*

1109	B V *im*	M *fehlt*

1116	B *sy sangten sich in des*
	    sewes grund
	V *unde sancten sich in des*
	    sewes grunt.
		M *der sencte sich an der stunt*
		    nider an des meres grunt

1130 f.	B *Allexander mit gros-*
	    sen krefften
	    hies die schiff ze sa-
	    men hefften
	V *alexander chom mit*
	    grozer chrefte
	    unt tet sephf zesa-
	    men hephten
		M *Do alexander sih bedachte*
		    waz er getvn machte
		    er hiz in samt heften
		    di schif mit manniscreften

1152	B *sy brachen der besten*
	    muren ein
	V *unde brachen da der*
	    besten mure ein
		M *der muren brach do eine*
		    alexander unde di geste
		    di da was die beste

1154	B V *hiez er*	M *hiz man*

1159 f.	B *allexander kam vf*
	    die wer
	    ze obrest vnd gebot
	    dem her
	V *alexander steich uf*
	    daz obrist gewer
	    unt gebot den sturm
	    uber al daz here
		M *do steich alexander*
		    vnde manic man ander
		    uf di vberisten were
		    vnde hiz sturmen sin here.

1162	B *den ersten sturm liessen* *werden* V *den ernst sturm wernden*	M *hiz er den sturm werden*

Hier überliefert B sogar: V das richtige *ersten*, wodurch erst die Stelle gebessert werden kann.

1169	B *vom berffrit vf die zinen* V *fon den perfriden uf* *die zinnen*	M *nider uf di zinnen.*

1171	B *etlicher sprang disen*
	    sprung
	V *da gespranch ir heteli-*
	    cher da zestunt
		M *do spranc iteslich man*

1173 B *die mur brachent sy vf*   M *da si brachen di veste*
        die erden   *nider zo der erden*
    V *da brachen sie die be-*
        sten mure zil
        der erde

1213 f. B *er sprach ,bedenken ivch*   M *er sprach nu ratent mir, des*
        bi zit   *ist zit*
    wand ir frömde helde sit,   *wandir uil wise lute sit.*
    V *(er sprach.) herre be-*
        denchet iuch sin
        ziht
    wandir tiure chnete siht

1217 B *der rat der da ward getan*   M *Ime rieten sine fursten*
    den wil ich ivch wissen lon   *di ime raten tursten*
    V *der raht der ime do wart*
        getan
    den mugent ir schiere uer-
        sten

    Sollte dieser Vers in M aus dem missverstandenen *uersten*
hervorgegangen sein?

1227 ff. B *niun vnd sibenzig wur-*   M *schiere worden da gestalt*
        den dar gestalt   *zvo unde sibinzich mangen*
    die wol wurffen mit   *mit hurden wol behangen*
        gewalt   *gemannet unde gesseilet.*
    mit vollen wol geseillet
    V *zwa unde siben zehec*
        mange wurden
        da gestat
    si wurfen alle mit
        gewalt
    si waren uil wol ge-
        saelht.

1266 ff. B *Ein ktlng hies apollo-*   M *Zestoret lach do tyrus*
        nyus   *di stifte sint der kuninc apol-*
    der stiffte die stat ze   *lonius*
        tiryus   *uon dem di bûch sagent noch*
    Anttyobus in veriagte   *den der kuninc antioch*
    dar vmb daz er im   *vbir mere iugete*
        sagtte   *wander ime sagete*

vnd im des sante brieff,
daz er sin dochter be-
      sleiff.
V *al zerstoret was Tû*
      tyrus
die stifte sih ter chu-
      nich apollonius
den antioch uber mere
      iagete
warde er imme sagete
daz rehte an einem
      brieue
daz er mit siner toh-
      ter sliefe.

ein retisce mit forhten
daz was mit bedecketen worten
gescriben in einen brief
daz er sines selbes tohter be-
      slief.

Ich weiss nicht, ob ich recht that, diese Stelle in diesem
und nicht in anderem Zusammenhange anzuführen, denn es ist
sehr fraglich, ob V B in allen Versen das Richtige überliefert
haben.   Die Stelle bezieht sich bekanntlich auf die Sage von
Apollonius von Tyrus und M beweist genauere Kenntniss, doch
findet sich auch in ihr eine fehlerhafte Angabe. [1] In der Sage
nämlich ist von einem Briefe nicht die Rede, wohl aber von dem
Räthsel, das Antiochus erfindet, um die Freier seiner Tochter ins
Verderben zu stürzen. M weiss nun zwar von diesem Räthsel,
fügt aber die Erwähnung des Briefes hinzu, wodurch die
Sage verfälscht wird. Es sind nun folgende Möglichkeiten vor-
handen:

    1. entweder überliefern V B das ursprüngliche, d. h. das,
was in A gestanden hatte; dann bietet A die Sage in einer Form,
wie sie uns sonst nicht bekannt ist; A kann sich dabei a) auf
eine uns unbekannte Darstellung stützen, oder aber b) aus ge-
ringer Kenntniss die beiläufige Erwähnung gemacht haben. —

---

[1] Vgl. Weismann I. 473–484. Holtzmann Germ. II. 45 f. Strobl H. v. Neu-
stadt 6 ff.   Carl Schröder Griseldis. Apollon. v. Tyrus. Leipzig 1872.
(Mittheilungen der Deutschen Gesellschaft V. Bd. 2. Heft.) S. 26 f.
A. Riese Historia Apollonii Regis Tyri. Lipsiae 1871. cap. 3 ff. — Rohde.
Der griech. Roman u. s. Vorläufer. Leipzig 1876. S. 408—424. Dunlop-
Liebrecht. Gesch. d. Prosadichtung S. 35 ff. 138. 463. Gesta Romanorum
ed. Osterley cap. 153 (S. 511 f.) Graesse, allgem. littgesch. II, 3, 1, 457 ff.
Aber das an unserer Stelle Vorausgesetzte findet keine Parallele.

Wenn ich hier übrigens A diese Thätigkeit zuzuschreiben scheine, so will ich damit durchaus nicht gesagt haben, dass ich diesen Zug für eine Zuthat des deutschen Bearbeiters halte, vielmehr bin ich überzeugt, dass die Sage schon von Aubry de Besançon herangezogen worden sei, denn dadurch erledigen sich am besten alle historischen Schwierigkeiten, die früher so viel Kopfzerbrechens verschuldeten [1] —

ist aber 2. die Lesart von A durch M repräsentiert, dann bieten V B einen gemeinsamen Fehler, und die Sage ist trotzdem nicht rein überliefert, sondern eine Mischung eingetreten; das historisch beglaubigte ,Räthsel' steht da, es wird aber in dem apokryphen Briefe beantwortet. Durch diesen Umstand wird wahrscheinlich, dass M aus genauerer Kenntniss der Sage die Zuthat des Räthsels nicht gemacht haben könne, denn dann hätte der Bearbeiter wohl alles Unrichtige entfernt und irgend eine passende Aenderung des Reimes *brieue : sliefe* leicht gefunden. Wir müssten denn annehmen, auch die Erinnerung des Bearbeiters sei keine getreue gewesen.

Es ergibt sich also der Schluss, M enthalte das Richtigere: damit aber keineswegs das Richtige, denn die Verse tragen so ganz den Stempel von M an der Stirne, dass unmöglich eine gemeinsame Lücke in V B angenommen werden kann, wohl aber ein Fehler. Ich glaube nämlich, A habe Folgendes dargeboten:

> *den Antioch uber mere iagete,*
> *wande er ime sagete*
> *daz rêtsce an einem brieue*

Erinnert man sich der Schreibungen von V, so ist der Weg über *rethsce — rehtsce — rehte* leicht verständlich. Man braucht bei dieser Vermuthung nur einmal ungetreue Erinnerung anzunehmen und erklärt dabei den ganzen Zustand der Ueberlieferung.

---

[1] Vgl. Weissmann I. 473. Holtzmann a. a. O. Die von **Ernst Dümmler** (Berolini MDCCCLXXVII) aus einer Hs. *saeculi XI exeuntis* herausgegebenen *Gesta Apollonii Regis Tyrii Metrica* lassen die Ueberlieferung des Romanes wieder weiter zurückreichen.

1276 ff. B *nun ward in kurzer*
stund
daryo daz mer kunt
von einem der danen
endrar [1] *[sic]*
daz allexander der
kilene man
die sinen hette ge-
vangen

     V *Dar nach uber un-*
lanch stunt
so wart dario chunt
mit einem der uone
tyren tran
daz alexander der
chune man
sine livte habete ge-
uangen.

M *Do cunte dario ein man*
der uz uon tyren entran
wi der kuninc alexander
hete in sinem lande
sine lute geuangen.

1288 f. B *daz er in niut ze*
helfe kam,
do er ir grossi not
vernam

     V *daz er in nivht ze*
helfen chome
dü er ir groze noht
fername

M *daz er in mit gelfe*
njwit zehelfe
schire nequeme
do er ir not vername.

1291 B *gedacht nach diser rede*
sus

     V *er wider dahter alsus*

M *der antworte jme alsus*

1295 ff. B *er forchtte in danach*
lützel
...eins kindes stüczel
unde dar zü ein schüch
bant

M *do er gienc ze rate*
daz er ime sante drate
einen guldinen bal
scone unde sjnewal
ouch santer ime zehant
zvene herliche schüchbant

---

[1] *danen* aus *tyren* entstanden?

V *alexander duhet in
lvizel
er sante im eines chin-
des stuzel
unde dar zu ein scûh
pant*

1304 B *wor vmb er im die klei-
net sant*
    M *waz dise gabe meinte*

V *umbe waz er ime die
drie gebe sante*

1310 f. B *den man nilczet alle
stund
daz er im deglich
dienen solt*
    M *daz ime alexander
unde dar zo manic ander
tagelich dienen solde
also uil so er wolde.*

V *... daz er mit tageli-
chen dienen solte
ob darios wolte
wanten scûch pant
nuzet man ta-
gelich*

1318 B *vil smech er im was*
    M *uil harte ummere jme was*

V *ôwi wie smac ime was*

1331 B *die botschaft torsten
wir niut lan*
    M *wi torste wir luzen
daz unser herre uns gebot*

V *wande wir getorsten die
bohtsapf niet lazen*

1339 B *er dilt sinem bössen rü-
den gelich*
    M *er hat gliche getan
alse der blode houewart*

V *er haht geli getan also
der bose rude têt*

1342 f. B *(sicht er in die lund
vf in ziehen)
ze hant beginet er
fliechen.*
    M *er ne tar dur naher comen
njet
al bellender flihet.*

V *(so ne getarrer er sich
dar naher nivht
geziehen)
er beginet uz werd
flihen*

1354 B *reimen*　　V *riemen*　　　　M *schuh bant*

1368 B *für die stat babilonij*　　　M *uor di mere babylonien*
　　　V *ze babilonii fur die groze*
　　　　stat

1376 f. B *sid inn der beschult,*　　M *daz er mich is beschalt*
　　　　des vatter im den　　　　　*er ist worden zehalt*
　　　　zins gult.　　　　　　　　　*etc.*
　　　V *er sprach daz mich*
　　　　ieder bescalt
　　　　des uater mir den
　　　　cins chalt

1393 f.

B *vnser here ist ser bettrogen,*　　M *darius ist harte betrogen*
　daz er heist vahen einen man　　　*er heizet uns den man vân*
　dem manig land ist vnderdan.　　*dem alle di lant sint undirtân.*
V *unser herre ist uil sere be-*
　　trogen
　daz er uns den man hiezeht
　　uahen
　dem alliv lant sint under tan

1425 B *er schiffte genin hin über*　　M *si schiffeten vbir di eufra-*
　　　　die flût.　　　　　　　　　*teischen flut*
　　　ze fordrest kam er in　　　　*ze erist si ze stade quamen.*
　　　engegen
　　　V *er sciphffeht sich zefor-*
　　　　derest uber de flûht
　　　an eime stade chomen
　　　si im enkegen

Die Ursache und der Gang der Aenderung, welche sich
in B findet, ist ganz durchsichtig in folgender Stelle:

V 218, 8	B 1436	M 1699
(uf buzival er reiht)	*(in den huffen er do*	*(ergremet was ime*
	rant : hunt)	*sin mvt)*
do slûg er also der	*er slûg als der hagel*	*er sluc alse der donre*
thoner	*dût*	*tut*
		sine viande
		swaz ir ime quam ze
		hande

		der ne genas nje ne- hein mvter barn
for dem sich niemen mach bewarn	vor dem nieman ist behüt	sih ne mohte njeman bewarn
swer [in] fon ferre sach geuaren	wa er kam gen in gevarn	
é er hinder sich ge- sach	ee sich jeman vmb gesach	uon den slegen di er sluch
so heter sin ainen slach.	so beschach im von im vngemach	wander ein ture swert truch.

Im zweiten Verse überliefern B M das in V ausgefallene *tüt*
= *deit* : *reit*. Die Reime in B ergaben sich nach der Kürzung
leicht aus *V, wenn einmal *reit* in *rant* geändert war; aus *bewarn*
war der Reim auf *düt* rasch gefunden in *behüt*; natürlich blieb
dann *gevarn* ungebunden.

1442 B *der herzog menos genant* **M** *Mennes der wiyant*

    V *Mennes was ein herzzog*

          genant

B 1450 ff.	V 218, 25 ff.	M (1730 f.
durch sinen schilt er in do schach	mennes er durch den schilt stach	
daz man daz blůt schinen sach	daz daz plůht begunde rinnen	
menos ôch sin niut vergas	mennes stach hine wider durch den sinen	
wie sin schilt hert helffenbeinin was	dar was feste helfen- pein	
da durch in der helt gůt	daz daz plůht an dem spere schain	
daz von im flos daz blůt		
si stachen bed enan- der nider	ir iewedere stach den andern nider	ir iegweder den an- deren stach nider zo der erden
do griffen si zen swert- ten sider	alda grifen si zen swerten sider	do griffen si zo den sverten.

Hier ist freilich eine ganze Scene in **M** weniger, streng-
genommen gehörte also diese Stelle nicht hieher, doch kennen
wir die Quellen für diese Episode nicht.

1478 B *menos hat in mit im*   M *der was in andre site*
       genomen   *in den selben strite*
     V *der was dar chom mit*   *mit den zvein herzogen.*
       teme herzogen

1494 B *nun wert ivch her sprach*   M *des wart daclym innen*
       danklin   *unde rief mit hoer stimmen*
       land ivwer ellend werden   *alexander herre kuninc*
       schin.   *gedenket hute an ẛwer tugint.*
     V *nu werth iuch herre*
       chunich
       alsus sprach sin riter
       daclym
       hivte si ivver ellen schin

1505 B *als der ein gras nider*   M *daz sluch er nider alsein*
       mett (lies *meit*)   *gras*
     V *also der daz kras nider*
       sleht

1506 B *als vil wurden da er-*   M *umbe di du lagen irslagen*
       slagen
     V *also uil lager da reslagen*

1523 B	V	M
es wirt ze laster dir	*iz wirt iv ze laster*	*daz sol dir werden*
gewant.	*gewant.*	*noch gewant*
der groff daz ros	*der graue daz ros*	*ze leide vnde ze ru-*
vmb warff.	*umbe warf.*	*wen.*

1539 B *daz im daz hübt fiel für*   M fehlt
       die flüesse
     V *daz hübet uiel ime uur*
       die fülze

1557 f. B *von den sinen ward*   M *schire wart si verbrant*
       sy verbrant   *do er si gwan*
       er fant da silber vnd   *der herre dar uf nam*
       gold.   *michil silber vnde golt.*

V *von sinen wart siv*
  uerbrant
do nam er silber
  unde golt.

1563 B *niut sere er es noch klagt*   M *niwit langer er gedagete*
     V *nivht sere er ne chlagete*   *(: gesagete)*

1564 ff. B *doch swor er ein teill*   M *er svor bi sinem riche*
       bi sines riches heil
       er stllende niut vier-
         zehen tag
     V *iedoch so swur er ain*
       teil
       er sprach so ulsim
       sines riches heil
       iz ne scolte niemer
       uierzehen naht en-
         te gan

1593 V B *schar*   M *here*

1597 f.

B *achzig tusing wart gesant*   M fehlt
  von cilliczya dem lant.
V *cilicien heizet ein lant*
  si brahtin im azech tusint.

1617 B *nun waren sy alle ze*   M fehlt
       samen komen
     V *do iz al zesamene chom*

1621 B *dar zů drissig dusing*   M fehlt
       och
     V *unde dar zů drizech*
       tusint

Dies sind die Stellen, in denen B mit V übereinstimmt,
während M ändert.

II. Capitel.

B stimmt zu M gegenüber V.

Ich nehme das Wichtigste voraus.

M 1114	B 1088	V 205, 23
ein phant si in na- men	si namen in vil sweri pfand siner besten wigant	si namen ein ungezo- genlich phant
vnde irslugen ir da zestunt mer dan ein dusunt.	erslůgen sy tusent oder me.	unt erslůgen ein tu- sint.
do alexander daz uernam	als allexander daz vernam	
uier dusint er do nam	er kos vier tusent si- ner man.	
uz uon sinem here	mit den für er selber dan	
daz ander liz er bi dem mere	vf den berge ze libam.	er nam des hers daz er noch do habete.
und bewal iz zvein fursten	daz gessese bevall er ze hant	ein herzoge hiez sich gracto
di iz wol bewaren tursten	einem fürsten, was perdix ge- nant	unde ein ander der was perdix genant
die er mit ime braht hatte u. s. w.	u. s. w.	den beualch erz gesez in die hant. u. s. w.

In V liegt offenbar ein Fehler vor: denn es heisst, die Araber hätten Alexandern *ein tusint* erschlagen. Nun macht er sich auf *und nam des hers daz er noch do habete*, lässt aber trotzdem *gracto* und *perdix* mit einem Theile des Heeres zurück. Man muss daher *des hers* als genitivus partitivus auffassen und eine bestimmte Zahlenangabe erwarten. B M überliefern eine solche in zwei gemeinsamen Versen, die V weniger bietet. Die Umgebung zeigt innige Verwandtschaft · von VB, während M ganz in seiner Weise ausspinnt und zusetzt, ohne dadurch irgend etwas Neues zu überliefern. Es muss daher in den zwei Plusversen von MB das Ursprüngliche erhalten sein, während der Fehler in V leicht durch Abirren von einem *tûsant* zum andern erklärt werden kann, denn nach dem Gesagten hat in A gestanden:

> *si nâmen in ungezogenlîch pfant:*
> *unt ersluogen ir ein tûsant.*
> *dô Alexander daz vernam,*
> *vier tûsant er nam*
> *des hers, daz er noch dâ hatte (: Gratte).*

V überliefert noch das *er nam*, darnach fehlt aber der Reimpunkt. — An dieser Stelle kann man also keinen gemeinsamen Zusatz von MB constatieren, sondern in beiden hat sich das Ursprüngliche treuer oder weniger treu erhalten. Dabei darf natürlich niemals ausser Acht gelassen werden, dass sowohl M als B modernisieren.

Dasselbe Verhältnis findet sich bei der Beschreibung des Bucephalus v. 535 ff., auf die ich näher eingehen muss; die Ueberlieferung stellt sich wie folgt. (Im weiteren Verlaufe bediene ich mich zur leichteren Uebersicht der an den Rand gesetzten Verszahlen.)

V 189, 18 ff.	M 270 ff.	B 537 ff.
Von philippus stüde wil ich iu sagen	*Von philippis stute wil ich v̇ nu sagen*	*(... ein fürst vs kabadocyen lant*
dar under wart ein ros getragen	*dar under was ein ros getragen*	*pilipo ein ros sant)*
daz was wunderlich	*daz ros daz was wunderlich*	*daz was vngezamt freislich*
iz was irre unt stritich	*irre vnde vil stritich*	
snel unt ernisthaft	*snel vnde starc von gescafnisse*	
fon siner gesephte ioch von siner chraft		*wild vnd daz geschöfte wunderlich*
	des sult ir sin gewisse	

5

V	M	B
	iz hete unzalliche craft	
	vnde ummazliche macht	
10	iz irbeiz di lute unde irsluch	es bies die liut vnd slůg
	iz was freislich gnuch.	es was tůbhaft genůg
der munt was im als einem esele getan	ime was sin munt	sin mul als ein essel was
	daz wil ih û tvn kunt	
	alseime esele getan	
15	di nasen waren ime wite ufgetan	vast vf geslagen sin nas
sin oren warin im uil lanc	sine oren waren ime lanc	sin oren woren im lang
daz hovbet mager unt swanc	daz hovbit magir vnde slanc,	sin hůbt mager vnd smach
sin ovgen warim al der uare	sine ougen waren ime alliruare	sin ôgen waren als ein blût
als eim fligenten arn	glich eineme fliegindin are.	
20		vor bescheidenheit wol behůt
u. s. w.	u. s. w.	u. s. w.

Eine offenbare Lücke hat V nach Vers 12, es fehlt der
Reim auf getân, daher muss Vers 15 für A in Anspruch ge-
nommen werden und Abirren der Augen erklärt die Lesart
von V auf die einfachste Weise. M machte nach seiner Ge-
wohnheit aus dem langen Verse 12 mittels eines Flickverses
dreie und B kürzte in seiner Art, indem es zugleich den er-
laubten rührenden Reim getân : ûfgetân durch leichte Aende-
rung wegschaffte.

Nicht so evident ist der Fehler, welchen V in Vers 10 f.
hat; allein die folgende Erwägung ist nicht zu unterdrücken:
es wäre zwar möglich, dass A einen weniger bedeutenden Zug
mit den übrigen Alexander-Darstellungen nicht theilte; aber

dass A, welches sich so genau an seine Quellen hielt, gerade dieses charakteristische Detail nicht herübergenommen haben sollte, in dem allein alle Alexander-Sagen stimmen, ist unwahrscheinlich. Im PsK heisst es nach Cod. A (I 13): καὶ δὴ κομίζουσι ποτὲ [πρὸς Φίλιππον] δῶρον οἱ τῆς Καππαδοκίας ἄρχοντες ἐκ τῶν ἱπποφορβίων πῶλον ὑπερμεγέθη πολλοῖς περιφρουρούμενον δεσμοῖς· ἀνθρωποράγον αὐτὸν ἔφασαν εἶναι; die anderen Hss. bringen wie VM die Notiz über Kappadocien erst später, doch heisst es auch hier: οἱ δὲ ἱπποφορβοὶ εἶπον· ‚Μέγιστε βασιλεῦ, ἀνθρωπο-φάγος ἐστίν.‘ JV I 13 sagt in Uebereinstimmung mit der epitome I 7 ‚sed est ei [equo] vitium beluile, namque homines edit, et in hujusmodi pabulum sævit;‘ auch Hdp. berichtet: ‚In ipsis denique temporibus princeps Capadocie adduxit vnum equum, indomitum, magnum corpore et pulchrum nimis; ligatumque ex omni parte cathenis ferreis. Comedebat enim ille equus bucifallus homines. Ebenso bei Ekkehard, im Französischen des Lambert li Tors, im englischen,[1] im schottischen Alexander, und in der Verdeutschung des Eusebius heisst es wañ das pferd getar niemand reyten so es so freisam ist das es die leüt frist D 5ᵇ: vnd es frass nicht anderss denne leuthe.

Also auch hier ist in MB das Richtige überliefert und die Verse 10, 11 und 15 müssen für A in Anspruch genommen werden.

Eigen geartet ist das Verhältniss in den Versen 595 ff.

V 190, 26 ff.	M 324 ff.	B 595
daz stunt in siner thobheit scrien	vnde tubillichen schrien	
alexander sprach zen chunden		zü den sinen sprach er losa los
die mit ime uber die palize gingen		
	vil starke er do dachte waz das wesen mohte mit allen sinen sinne	

5

---

[1] Bei diesem heisst es [Metrical Romances of the Thirteenth, Fourteenth Centuries: Published from Ancient Manuscripts. With an Introduction, Notes, and a Glossary. By Henry Weber Esq. Edinburgh 1810 I Kyng Alisaunder] Vers 700 f. He had souner ete a man, Than two champiouns an hen.

V	M	B
	wes were di freisli-che stimme	
	Zo uestiane er do sprah	
	nu sage mir waz daz sin mach	was schalles mag daz sin
10 ich ne weiz waz mir scillet inz ore	daz mir schillit in mine oren	daz so lut hilt in die oren min
ez ne lat mich nicht gehoren	vnde lazit mich nich gehoren	
	iz gebarit freisliche sin stimme di is ge-liche	
	einem freislichem tiere	
15	do antworte ime schiere	
ich ne weiz wederz ein ros oder ein lewe dêht wain es da in be-slozzen stet		ob es ros oder leoic tût
		des ist veriret mir min mût
Btholomeus sprach zû dem chinde	ptolomeus vnde sprach	do sprach potolomeus zû dem kint
20 herre ist buzival ein ros uil swinde		her es ist ein ros ge-swind
	ih sage dir waz duz wesen mach	
	iz ist ein ros freislich ime ne wart nie ne-hein gelich in alle criechische lant	
25		daz mit vnsitte lebet alle moll
	buciual istiz genant	vnd ist geheissen bu-cival

V	M	B
daz hat iuwer uater ingetan	*din uater hatiz in getan*	*daz hat iuwer vatter in getan*
under der stůt ne mothe neichn bezzer gegen	*iz ne dorfte bezzer nie gegan*	*kein stůt mag solichs niut gehan*
	under neheiner stute	
er sprach herre ez ne hat nehein marslach in hůte	*iz ne hat nieman in hute*	*kein marschalk hat es 30 in siner hůt*
	wandiz ist uil freis- lich	
	sin stimme di ist eislich	
wande ez erbizet ubele und gůte	*iz irbizit man vnde wib*	*wand es bisset übel vnd gůt*
u. s. w.	u. s. w.	u. s. w.

Die Quellen bieten hier Folgendes dar: PsK sagt Cap. 17. Τίς οὖτος ὁ χρεμετισμὸς ἵππου (ἢ λέοντος βρύχημα; cod. A); JV I 17. *o viri,* [1] *hinnitusne aures meas, annon rugitus aliquis leoninus offendit?* Epitome I 9 *o viri, hinnitus ne aures meas, an vero rugitus leoninus offendit?* In der Hdp. ist die Erzählung anders gefasst, da heisst es: *Quadam vero die cum pertransiret per locum vbi stabat ille equus indomitus vt videret inter cancellos ferreos, et ante eum manus et alia membra hominum dispersa iacentia miratus est valde.* Diese Darstellung hat im deutschen Gedichte keine Analogie, auch nicht im Französischen, wo berichtet wird 10, 15 *Alixandres, lès lui, vit i. sien mestre ester; de l'cri k'il ot oï, li prist à demander;* und weiter 10, 30 *Alixandres apele i. sien dru Festion; si le conjura fort, qu'il li die raison, de l'cri que il oï die l'ocoison;* nur das Englische nähert sich der Hdp. etwas 774 ff. *The Kyng to court went, The children he of- sent.* (Es ist hier die Wahl zwischen den beiden Söhnen Philipps: Alexander und Philipp.) *Bulsifal neied so loude, That hit schrillith into the cloude! They wenten alle to the stable, There hit was tyghed in, saun fable; For a thousand*

---

[1] Ebenso PsK cod. A ἄνδρες.

pound of gold Phelip (der eine Sohn) *hit nyghen n'olde; Ac
Alisaundre leop on his rugge, So a goldfynch doth on the hegge* etc.;
die Verdeutschung des Eusebius und D, sowie Ekkehard dagegen schliessen sich ganz der Hdp. an.

M steht hier VB gegenüber, da es im Anschluss an das
Französische den Festion als *uestian* einführt, welchen VB nicht
kennen; im PsK steht der Name nicht überliefert. M weicht
aber auch von der Hdp. ab, worauf ich hier nur hindeuten
will; es ist sogar inconsequent, weil es nicht wie das Französische fortführt 10, 33 *et cil* (sc. Festion) *li respondi*, sondern
Ptolomeus die an Uestian gerichtete Frage beantworten lässt.

In Vers 26 weicht V von MB ab, indem es den Namen
Buciphal ohne weiters in Vers 20 bringt *herre ist buziual ein
ros uil swinde;* der Vers *bucival istiz genant* oder *vnd ist geheissen bucival* entspricht dem Ausdrucke bei PsK 17 δέσποτα,
οὗτός ἐστιν ὁ λεγόμενος Βουκέφαλος ἵππος, ὃν ὁ πατήρ σου ἐνέκλεισε
κτλ. JV dagegen sagt: *imo* [1] *vero hic ille est Bucephala,* [2] *quem
ob vehementiam pariter* [3] *et sœvitudinem dentium hactenus* [3] *claudi
rex pater jussit.* Im Französischen 11, 10 *s'a Bucifal à non*
zeigt sich Uebereinstimmung mit MB. Wenn V nun die
Lesart von A repräsentierte, so müsste A einmal von JV abgewichen und einige Verse darauf, in derselben Scene, ihm
gefolgt sein, was mir um so unwahrscheinlicher ist, da B
gerade an dieser Stelle sich V sonst genau anschliesst. Es
spricht hier also wenn auch nicht die Gewissheit, so doch die
Wahrscheinlichkeit dafür, dass MB das Richtige überliefern.

Wieder durch Abirren der Augen möchte ich die folgende
Stelle erklären, bei der deshalb keine andere Entscheidung
möglich ist, weil die Quellen mangeln.

V 210, 3 ff.	M 1341 ff.	B 1213 ff.
herre bedenchet iuch	*er sprah: nu ratent*	*er sprach bedenken*
sin ziht	*mir des ist zit*	*ivch bi zit*
wandir tiure	*wandir uil wise lute*	*wand ir frömde hel-*
chne[h]te siht	*sit*	*de sit*

---

[1] Epit. *quin immo.*
[2] Ep. *B. equus.*
[3] Fehlt Ep.

V	M	B
nement si nu den obern sige	nement nu dise di vberin hunt	gewunen sy den über hang
so ist unser spot uber daz lant	so spottetet man unser in daz lant	(so sind wir jemer me geschant)
der raht der ime do wart getan		der rat der da ward getan
den mugent ir schiere uersten	Ime rieten sine fursten	den wil ich iuch wissen lon
	di ime raten tursten	
	daz er sante vbir se	si reitten daz er über sy
	unde lieze heris comen me	sant bald nach helffe me
		vnd von eichin spangen
si rieten daz er mange getaete rechen	unde hieze mangen richten	hies wiirken starke mangen
unde liezzen die turni brehchen	unde tete di turme brechen	daz man mit werffen breche
		die mangen waren schier bereit
	mit sturmes gwalt	
	schiere wrden da gestalt	
zwa[i]unde siben zehec mange wurden da gesta[l]t	zvo unde sibinzich mangen	niun vnd sibenzig wurden dar gestalt
si wurfen alle mit gewalt		die wol wurffen mit gewalt
	mit hurden wol behangen	
si waren uil wol gesaelht .	gemannet unde geseilet	mit vollen wol seillet
si wurden in driv getailet	di wrden in dri geteilet	si wurden geteillet
u. s. w.	u. s. w.	u. s. w.

Stellen wir uns vor, die Ueberlieferung in A sei folgende gewesen:

der rât der ime dô wart getân,
den muget ir schiere verstân:
si rieten daz er sante uber sê
unde lieze komen heris mê,
daz er mangen getœte wurchen [?]
unde lieze die turne brechen u. s. w.

so konnte der Schreiber leicht von *si rieten daz er* zum zweiten *daz er* überspringen; auch liegt das Senden um Hilfe sehr nahe, es ist sehr natürlich, dass die Fürsten auch diesen Vorschlag thun. Dazu kommt noch der Umstand, dass B fast nur in den zwei Versen von V abweicht, mit dem es sich gegenüber M auch an dieser Stelle in Uebereinstimmung befindet; darum können die Plusverse in MB nicht spätere Zusätze sein, sondern müssen das Ursprüngliche enthalten. Freilich zur Gewissheit kommt man hier nicht.

V 219, 3 ff.	M 1735 ff.	B 1463 ff.
á wi daz fuur dar uz spranch	*daz daz fvr dar uz spranc*	*dz dz fiur dar nach schos*
da ein stahel wider den ander[n] *dranch*	*ir ieyweder drunc*	
	uaste zo dem andren	
grozer slege wurden nie getan		
(u. s. w. s. u.)		
5 *á wie mahte daz ie werden*		
mennes der sluch alexandern zů der erde	*do sluch doh alexandren*	*menos den werden slůg nider zů der erden*
	mennes nider an daz gras	
	ob di rede also was	
	daz mach uns al besunder	
10	*nemen michel wnder*	

V	M	B	
	Do huben sih ir lute dare		
	beidenthalben mit der scare		
	da di helede iunge		
	mit nide insamt rungen		
	da was michele not		15
	da bleib manic helt tot		
	sere stoub da der melm		
Alda wart ime der helm abgeprochen	*da wart alexandro sin helm*	*den helm er im zerbrach*	
	uon dem houbete gebrochen		
	da was uil nah gerochen		20
	darius der ture degen		
	alexandro wart da gegeben		
der manegen grozer slege	*manjc stoz unde slach*	*vnd slûg vf in mit nide dar*	
	di wile di er der nider lac		
	leit er ein bittere not		25
	er was uil nah tot		
der der chunich alexander finch			
unde war er also wol gewafenht nieht		*allexander was mit flisse gewaffnet gar*	
er ne bescowet niemerz tages lieht			

V	M	B
30 *wune daz sines todes noch neweht solte sin*		
	doh halfin daz er genas *daz er so wol gewafent was*	*dz half im dz er genas*
		nun kam ein ritter anne but [?]
	uil schire ime ouch zehelfen quam	
ein riter der hiez 35 *daclym*	*daclym ein riter lobesam*	*danklin was er genant* [: *ze hät*]
u. s. w.	u. s. w.	u. s. w.

Hier muss der Grund der Verderbnis in dem Worte
liegen, das in B sehr undeutlich geschrieben ist Vers 33, so
dass man *lut, lnt, but, bnt* lesen könnte; ich vermuthe, dass
darin das md. Wort *bat, bate* steckt, das nicht verstanden
wurde; darum liess V, welches ja theilweise dialektisch um-
arbeitete (vgl. Rödiger. Anz. I 86), das ganze Verspaar aus,
M änderte den zweiten Vers selbständig, indem es aber in
seinem *ze helfen* Vers 34 den Inhalt von *ane bat* wiedergab.
Es zeigte sich schon . oben, dass VB in den ersten Versen
einen Fehler theilen. Die Ueberlieferung ist klar bis zu den
zwei hervorgehobenen Versen. Nehmen wir an, in A habe
Folgendes gestanden:

> *unde wâre er alsô wol gewâfent nieht,*
> *er ne bescouwete niemerz tageslieht:*
> *wane daz half im daz er genas.* [1]
> *nun quam ein rîter ane bat.*
> (*sines tôdes noch neweht solte sîn*)
> *ein rîter der hiez Daclym ...*

Dadurch erklärt sich die offenbare Verderbnis, welcher
Diemer durch ein *daz zil* abhelfen wollte (was er aber in den
Anmerkungen S. 61 f. zurücknahm) und es erklärt sich die

---

[1] Vgl. V 204, 6 f. M 1006 f. den Reim *stat : daz.*

Ueberlieferung: wir müssten sonst an einer Stelle einen gemein-
samen Fehler in VB constatieren und wenige Verse später einen
solchen in MB. Hier spricht also die Wahrscheinlichkeit wieder
für eine gemeinsame Erhaltung des Richtigen in MB.

Vers 1593 ff. heisst es B:

> *da kam im ein schar gros,*
> *die der reisse niut verdros.*
> *von medendrich hundert tusing kan ir dar,*
> *die warent zagheit bar.*

In M 1991:

> *dar nah quam ime ein here groz,*
> *dem wigis lutzil verdroz,*
> *daz kuninges reisen wol gezam.*
> *uon medintriche daz quam ...*
> *funfzich tusint si brachten,*
> *alsus hortich si ahten.*

Dagegen sagt V 224, 22:

> *noch tů chom im uin scahr groz,*
> *die des wiges liuzel bedroz,*
> *also si in chunigis reise wolgezam,*
> *wande si uon medin riche qvam.*

Hier fehlt ganz allein die Angabe einer bestimmten Zahl
von Kriegern; dies ist auffällig und höchst unwahrscheinlich;
die Quellen bieten die Aufzählung der Streitkräfte nicht und
die in A genannte Summe von 630.000 Kriegern wird durch
die Detailangaben der einzelnen Hss. VMB nicht erreicht;
also auch hier nur ein Analogie- und Wahrscheinlichkeitsschluss.

Evident dagegen ist die Richtigkeit der Lesart MB.

V 204, 22	B 1057	M 1058
der wint tehtin uil noht	*den vsseren det ouch gros not*	*der wint der tetin starke not*
		wander uil stark was der selbe der da boreas
	ein wint der wester hies	
	vnd daz mer dike reis	*in den buchen heizet vnde di aller meist reizet*

V	B	M
		daz mere mit den vnden
daz siner scephe ein hunderht uersunchen }	*hundert schiff er im versankt* }	*der schiffe sluch er zegrunde*
		vile daz si versunken
unde sine helde aller-trunchen	*daz volk alles er-trank.*	*vnde di lute dar in uertrunken*
do alexander daz ge-sach	*do allexander kos die not*	*vil manig ouh da ir-slagen lach.*
daz ir also uil thot lach		*do alexander daz ge-sach*
des sturmes hiez er abe stan	*des sturmes hies er abbe lan*	*des sturmes hiz er abe stan*
er thete di secph wider in die habe gan	*die schiff in die hab gan* }	*vnde hiz balde wider gan*
		di schif in di habe
		ob ich rechte uerno-men habe.
		Do clagete alexander mer dan sihein ander sinen scade groze sine liebe wicgenoze doh moser getrosten sih
Alexander bedathe sich	*der wisse bedachte*	
des scaden ummacz-lich		*des scaden vmmazlich*

Hier also zwischen V und B grosse Uebereinstimmung, nur éin Reimpaar in B mehr, dem in M vier Verse entsprechen, im Einzelnen aber grosse Abweichungen in dem was M und B gemeinsam ist. Die Quellen lassen zwar im Stich, aber es ist ganz gewiss, dass hier M B keine gemeinsame Zuthat haben, denn in V muss etwas fehlen. Aber weder von M noch von B scheint das Ursprüngliche überliefert zu sein: in A muss ein zu langer Vers gestanden haben, sonst wäre in M nicht geändert worden. Jedesfalls steht B dem Ursprünglichen näher als M und von einem gemeinsamen Fehler der beiden kann nicht die Rede sein.

Noch schlagender ist die Richtigkeit der von M B re-
präsentierten Lesart Vers 1029 ff.

V 204, 1 ff.	M 992 ff.	B 1025 ff.
uernement wie in ale- xander uernami	vnde in alexander vernam	do allexander die botschaft ver- nam
	vnde er ime gesagete rechte,	
	waz ims di guten knechte	
	uz uon tyren enboten	
	uon zorne begunder roten.	
mit zorn er der nider saz	uor ungemvte er ni- der saz.	von zorn er nider sas
bi sinem hals er sich uermaz	bi sime libe er sih uermaz,	bi sinem leben er sich vermas,
er sprach sin scolte por lange sin	iz gienge in allen an den leben,	er woltte sy haben sunder dank
	daz si ime torsten widerstroben.	
	er solde sih wol ge- rechen	
er wolte . . .	vnde ir stat zebrechen.	da nach niut lang
	Do nam er siner fur- sten dri	sant er siner fürsten dry
ouch ne waiz ich wie ir name si	— ihneweiz niht wi ir name si —	
unde sante si dar wi- dere in die stat	unde sante si wider in di stat	wider in die stat ze hant.
unde den alsten sagen daz . . .	vnde hiz den besten sagen daz	er hies den besten dün bekant.
u. s. w.	u. s. w.	u. s. w.

In V haben wir einen offenbaren Fehler vorliegen,
dem aber wie ich glaube ganz einfach auf Grund von B ab-
geholfen werden kann. B stellt einige Male Verse um, z. B.
Vers 1096 ff. 1116 ff. 1124 f. u. s. w., es ist daher nicht zu
kühn, wenn ich Aehnliches auch hier annehme und glaube,
die Reimbindung sei nicht *dank : lang*, sondern *lang : dank*

gewesen. Auch in V muss daher *lange* nicht *sin* das Reimwort
gebildet haben, der Vers ist aber auch sonst leicht gebessert,
das ursprüngliche war wohl:

> *er sprach ez enscolte sin porlanc,*

der Schluss dieses Verses wurde von *B modernisiert in *niut
lanc*. Der ebenhergestellte Satz musste eine Reimzeile gehabt
haben und das *er wolte* in V, hinter dem Diemer schon richtig
die Lücke vermuthet hatte (Anmerkungen S. 60) macht es klar,
dass B den fehlenden Vers überliefert: *er wolde sy haben sunder
dank*. Doch kann dies nicht das Ursprüngliche sein, weil

> *er sprach ez enscolte sin porlanc*
> *er wolde sy haben sunder danc*

schon an sich keinen guten Sinn gibt und dann die Lesart
von M durchaus nicht erklärt. Die Verse in M

> *ez gienge in allen an den leben,*
> *daz si ime torsten widerstreben*

können nicht ursprünglich sein, denn sie tragen ganz den
Stempel des Ueberarbeiters an sich und sind darum noch
mehr verdächtig, weil M kurz vorher in dem Auftrage an
die Boten, die nach Tyrus gehen, folgende Drohung einfügt
(Vers 972 ff.):

> *er sagetin, daz er solde*
> *ir lant zevoren*
> *vnde ire stat ze storen*
> *vnde nemen in allen daz leben,*
> *ob si ime wolden widerstreben.*

Allein auch die zwei Verse

> *er solde sich wol gerechen*
> *vnde ir stat zebrechen,*

die schon durch ihren Zusammenhang nicht ganz geheuer sind,
können umsoweniger das Ursprüngliche sein, weil sie sich we-
nige Zeilen später fast unverändert in allen Hss. wiederfinden
(V 206, 6 f. M 1143 f. B 1108 f.). In M lauten sie:

> *starke si sih rachen*
> *ein castel si zebrachen.*

Eine Drohung musste in A aber jedesfalls vorhanden gewesen
sein und ich glaube nicht zu irren, wenn ich die ganz geringe
Aenderung

er wolde si hâhen sunder danc

als das ursprüngliche ansehe. Nun unterliegt es keinem Zweifel
mehr, dass der Vers, in dem M B gegenüber V stimmen, von
V nur ausgelassen, nicht von M B gemeinsam hinzugesetzt
wurde. In A wird also Folgendes gestanden haben:

> *. . . mit zorn er der nider saz.*
> *bî sînem halse er sich vermaz,*
> *er sprach ez enscolte sîn porlanc,*
> *er wolte si hâhen sunder danc.*
> *dô nam er sîner fürsten drî*
> *— ich ne waiz wie ir name sî —*
> *unde sante si darwidere in die stat*
> *unde hiez den besten sagen daz . . .*

Von einem gemeinsamen Fehler in M B kann daher wieder
keine Rede sein, und hier liess es sich klar beweisen.

Nachdem ich so die hauptsächlichsten Stellen eingehend
besprochen, gebe ich wieder ein Verzeichnis der noch übrigen
Verse, in denen das Verhältnis M B : V obwaltet.

B 560	M 304	V 190, 11
zû im getorste nieman gan	*zo ime ne torste nieman gan*	*zû dem ros getorste niemen gen*
wand wer die schulde hat getan	*wan der also hete getan*	*wan umbe den ez also was getan*
daz im verteilet was daz leben	*daz ime uerteilet wart daz leben*	*den uerteileht was daz leben*
der ward dem ros denne gegeben.	*den mose man deme rosse geben.*	*den müse man dem rosse geben.*

V enthält einen Fehler, es müsste heissen *dem verteilet . . .*
und der Vers vorher entspricht nur in M B den Quellen, denn
in allen antiken Darstellungen ist von Verbrechern die Rede.
PsK I 13 καὶ τοὺς μὴ ὄντας ὑπηκόους τῆς ἐμῆς βασιλείας, ἀλλ᾽ ὑπο-
πίπτοντας τῷ νόμῳ ἀπειθοῦντας ἢ ἐπὶ λῃστείᾳ ληφθέντας αὐτῷ παραβάλλετε.
JVal. XIII (Müller) *Quisque enim succubuerit legibus tristioribus,*
hujuscemodi melius objectabitur lanienae. (Fehlt in der Epitome,
wie die ganze Erwähnung der Todesstrafe.) Hdp. . . . *ut latrones*
qui mori debent ex lege trucidentur ab eo. Ebenso Ekk. Uraug. 63
ut raptores et latrones aliique malefactores, qui feris deputarentur,
ab hoc comederentur. D 5[b] *dy morder vnd dy rawber.*

590 B *er hat noch niut vernomen,*   V *das umbe daz ros was geseit*
      wie daz ros dar was komen   *des inhabt er noh tü uerno-*
    M *dannoh ne heter nit vernomen*   *men nieht.*
      wi iz umbe daz ros was comen.

Entscheidung nicht möglich, weil die Quellen diesen Gedanken
nicht geben. Interessant ist die Stelle 652 f. (V 192, 11 M 385),
überhaupt jene ganze Scene, doch da hiebei schon das Quellen-
verhältnis in Betracht kommt (Harczyk 149 f.), so verweise ich
auf Cap. 4. Dasselbe gilt von Vers 704 (M 457).

    Vers 1081 B *vnd bergfrid dar stellen* M *vnde berchfride
stellen* V *er wolte perfriht stellen.* Dass hier nicht eine gemein-
same Auslassung von M B, sondern ein Misverständnis von
V vorliegt, ist evident, denn M hätte gewiss einen so wohl
gebauten Vers wie der von V nicht zerstört, da es *unde berch-
fride stellen* schreibt, um nur die vier Hebungen herauszu-
bekommen, dabei fehlt dann erst noch der Auftact, für den
M doch Vorliebe hat. V dürfte den Vers unsinnigerweise zum
folgenden gezogen haben. — Keine Entscheidung dagegen wage
ich bei der geringen Uebereinstimmung in Vers 1102. M B *daz
werc* V *iz alliz* (die Aenderung des *gereite* von V in *bereit* B
bereitet M muss unabhängig von einander stattgefunden haben).
Dasselbe gilt von Vers 1161.

V 207, 36	B	M 1239
unde liez do mit der werlte	*daz sy bi der erden*	*unde nider an der erden*
den ernst sturm wern- den l. werden.	*den ersten sturm lies- sen werden.*	*hiz er den sturm wer- den.*

Der Reim *erden : werden* statt *werlte : werden* lag so nahe, dass
*M und *B darauf kommen mussten, dazu stimmt B an dieser
Stelle wieder ganz besonders genau zu V: Vers 1159. 1160.
1162 V B: M dann 1161, eine Aenderung, die sich gleichsam
selbst aufdrängte, zumal *werlt* in dieser Bedeutung nicht das
Gewöhnliche ist; es kann da von einem gemeinsamen Fehler
nicht die Rede sein. (Ueber diese Stelle ist schon oben S. 20
gehandelt.)

    Unbedeutend ist auch die Uebereinstimmung Vers 1180
und 1182 V *al durch* M B *durch.* Dabei gilt vielleicht das zu
Vers 1081 Gesagte; ein solches *al* von V erscheint auch 1164

in MB nicht, obwohl 1163 f. der Fehler in B nur aus dem Fehler in V erklärt werden konnte (s. o. S. 14); dies *al* hätte an dieser Stelle in MB den Vers beschwert.

Vers 1194, in dem VB : M stimmen, zeigt MB gemeinsam *gegân : gân* von V; dadurch wurde in M und B Vierhebigkeit erzielt.

Vers 1251 V *er hiez die tie turne* ... M *er hiez di turme* B *die türn hies er* ... Hier ergänzt Diemer *die trie* (V. 209, 28 hatte gestanden *drie turni*, doch beweist dies nichts). Diese Ergänzung ist unnöthig, es kann ganz gut verschrieben sein.

Vers 1259 V *werez* M *were er* B *wer er* geht auf Alexander. In V ist also eine fehlerhafte Schreibung zu constatieren.

Vers 1290 f. mitten in einer langen Stelle, welche in V und B gemeinsam überliefert ist, während M oft die weitgehendsten Aenderungen hat, heisst es:

V 212, 8	B	M 1438
Ain richer chunich was darios	*der riche küng darius*	*Der riche kuninc darius*
er wider dahter alsus	*gedacht nach diser rede sus*	*der antworte jme alsus*

V kann unmöglich richtig sein, es können MB das Richtige erhalten haben.

V 213, 14	B 1317	M 1488
Unde also alexander den brief gelas	*do allexander den brieff gelas*	*Do alexander den brieb gelas*
öwi wi smac ime was.	*vil smach er im was*	*uil harte ummere jme was.*

V wird wohl das Ursprüngliche überliefert haben, das aber metrisch ungenau war und daher von jeder Hs. leicht gebessert wurde.

Die Auslassung von *sich* in Vers 1410 (V 217, 11 M 1647) entstammt dem jüngeren Charakter von MB.

Der Vers 1487, wie ihn V 219, 26 überlieferte, könnte ursprünglich sein: *á wie gûht ainen lob daz swert gewan*, doch erscheint mir höchst unwahrscheinlich, dass nur die Güte des Schwertes, nicht die Kraft des Helden hervorgehoben würde. Man müsste bei der Reconstruction von A zwar V zum Ausgangspunkte nehmen, aber den Sinn von M 1792 und von B (*des er gros lob gewan*) herstellen und etwa schreiben:

â, wie guot ein lob, daz er gewan.

V könnte bei einem Dictate sehr leicht *daz swert* für *daz er* verstanden und dann *ainen* geschrieben haben, weil ihm *lob* als Masc. geläufiger war.

Vers 1517 M B *do in*: V 221, 9 *den*, erhält das Richtige, *den* stammt aus der Zeile vorher.

Vers 1562 M B *do*: V 223, 3 *unde du*, wieder richtig.

Dies ist die ganze Reihe von Stellen, an denen V allein steht, M und B dagegen irgend etwas Gemeinsames bieten. Wir fanden nicht éine darunter, durch die wir gezwungen würden anzunehmen, B stamme aus éiner Classe mit M. Einige Male freilich wusste ich keine Entscheidung im einzelnen Falle zu treffen, nachdem wir aber nun in der überwiegenden Anzahl von Fällen nur Uebereinstimmung im Richtigen gefunden haben, oder die Aenderung s e h r leicht von jeder Hs. selbständig konnte vorgenommen worden sein: so darf Aehnliches auch bei jenen wenigen Kleinigkeiten — solche waren es stets — constatiert werden.

Ich habe im Voranstehenden also bewiesen, dass B weder aus M direct noch aus der Classe *M abgeleitet sein könne, weil B n u r im Richtigen mit M gegen V stimmte; es hat sich aber auch gezeigt, dass B nicht der Hs. V entstamme, jedoch Fehler und Eigenthümlichkeiten mit V theile, welche auf eine Gemeinsamkeit der Ueberlieferung schliessen lassen. Diese Fehler und Eigenthümlichkeiten müssen daher schon in der Vorlage von V gestanden haben, die ich mit V[1] bezeichne.

Es frägt sich nun, ob V[1] auch die Vorlage von B war, oder ob sich Zwischenstufen erweisen lassen?

B stammt aus dem Beginn des fünfzehnten Jahrhunderts, seit spätestens 1439 war die Hs. im Besitze Erhards von Appenwiler, eines Caplans am Basler Münster. [1] V entstammt der

---

[1] Herr Dr. A. Bernouilli in Basel, welcher den localhistorischen Theil behandelt, schreibt mir, Erhard, welcher bis 1471 lebte habe die leer gebliebenen Blätter (v. Fol. 180 an) mit eigenen Aufzeichnungen gefüllt. Von 1471 bis 1530 gieng die Hs. von Hand zu Hand durch mehrere Basler Familien (Grünzweig, Synner, Tscheckebürlin und Wyler) und scheint jeweilen auf den Schwiegersohn vererbt zu haben. Nach 1530 bereicherte sie der Magister Hieronymus Brillinger (1505 Rector der Universität) mit einigen eigenhändigen Zusätzen.

Mitte des zwölften Jahrhunderts, V¹ ist also von B durch mehr
als zwei Jahrhunderte getrennt, schon darum wäre directe
Abstammung unwahrscheinlich. Doch glaube ich beweisen zu
können, dass die Vorlage von B dictiert worden sei, es erklären
sich nur auf diese Weise Fehler wie V. 1324 *diuchte dich* für
ducht ivch, Vers 2879 *rekfaman* für *roxanam*, wobei wir zugleich
sehen, dass nicht B selbst nach einem Dictat geschrieben sein
kann, was auch durch Schreibungen wie Vers 2443 *dar umb*
für *darium* also *darū* erwiesen wird. Auf Dictat der Vorlage
deutet Vers 2990 *macht doch* für *mach doch*. 2994 *die wellent
für* statt *hie wilant für*. 2998 *min spil* für *nit spil*. 3157 *vnd
ser* für *vnser* u. s. w. (Ich komme darauf noch zurück.) Da-
durch erschliessen wir eine Stufe B¹; ob nun diese direct aus
V¹ stammt oder nicht, braucht nicht untersucht zu werden,
doch erscheint es unwahrscheinlich.

Von grosser Wichtigkeit ist jedoch die Frage, wie wohl
V¹ beschaffen gewesen sei, und wie sich M oder *M dazu
verhalte. Das heisst, es ist zu untersuchen, ob V¹ mit V jene
Eigenthümlichkeit theilt, die eine starre Scheidung zwischen
M B und V hervorruft, ich meine natürlich den vielbesproche-
nen Schluss von V. Damit hängt die andere Frage zusammen,
ob B in dem was es mehr als V bringt überhaupt noch in
Betracht komme, ob es auch da zu *V gehöre oder aus ganz
anderer Quelle schöpfte.

Vor Allem ist dieser Schluss in V selbst näher zu prüfen.

Der Schluss in V.

Holtzmann¹ behauptete, der geistliche Schreiber von V habe
deshalb plötzlich seine Abschrift des Alexander abgebrochen, weil
er durch den weltlichen, für ihn uninteressanten Stoff ermüdet
worden sei, den Schluss habe er willkürlich erfunden. Gegen
diese Ansicht wendete sich schon Harczyk;² er sprach die Ver-
muthung aus, dem Schreiber habe kein vollständiges Exemplar
von A vorgelegen und er sei gezwungen gewesen, das Gedicht
so gut als möglich zu Ende zu bringen. Auch er spricht von

---

¹ Germ. 2, 33.
² Zsfdphil. 4, 3.

einem ‚scheinbaren Schluss‘ ‚auf eigene Faust‘. Beide beweisen, dass sie die 35 Verse, welche in V dem Gedichte ein so plötzliches Ende bereiten, nicht näher untersuchten.

Dieser Schluss zerfällt in zwei Theile. Die Verse 1—19 sind in M an anderer Stelle, in anderem Zusammenhange überliefert, bestehen jedoch zum grössten Theile aus Versen, die V schon irgendwie verwerthet hatte. Die Verse 20—35 sind in V zwar originell, doch auch hier nur früherem Zusammenhange entnommen.

Dieses überraschende, bisher von Niemandem beachtete[1] Factum ist nicht leicht zu erklären. Wie kam V überhaupt dazu, einen früheren Schluss herbeizuführen; dass nicht Ermüdung die Ursache gewesen sein kann, beweist der Umstand, dass V nicht einfach den Schluss der Vorlage herübernahm, sondern aus einer anderen Kampfbeschreibung für seine Scene ein Ende suchte und dann selbst erfand; dass V aber kein Interesse für den weltlichen Stoff gehabt habe, ist deswegen unwahrscheinlich, weil der Schreiber so bewandert im Gedichte ist, dass ihm unwillkürlich Verse aus der Erinnerung einfallen, die er verwerthet: er muss daher die Vorlage mit Aufmerksamkeit gelesen haben. V war also durch eine äussere Ursache gezwungen.

Man könnte im Hinblicke auf B vermuthen, M habe für die Schilderung der Schlacht den Schluss von V benutzt und B habe in seiner von M stark abweichenden Darstellung jener Scene das Original bewahrt. Dagegen spricht jedoch vor Allem der Umstand, dass M an jener Stelle in voller Uebereinstimmung mit der Hdp. steht und dass diese einen Satz *ut totus campus ex semivivis et mortuis vestiretur* überliefert, der wörtlich in M wiederkehrt.

Auffallend ist, dass der erste Vers, welcher von V und B — nicht von M — ausgezeichnet wurde, auch von M im neuen Zusammenhange verwendet wird. Allein an ein Abirren des Auges ist bei einer so grossen Anzahl von Versen nicht zu denken.

Mir erscheint noch immer als das Wahrscheinlichste, dass die Vorlage von V nicht vollständig war. Dies dürfte auch

---

[1] Vgl. jedoch Weissmann Lesarten.

aus der Lücke hervorgehen, welche Diemer 226, 11 nach den Worten *unde also er hin* mit Recht vermuthete. A selbst muss weiter gegangen sein als V, denn eine Hs. der Classe *M kann die Vorlage von V nicht gewesen sein, die Ueberein-stimmung geht nicht so weit, dass nicht Umstellung etc. in M : V gegenüber vorkäme (siehe die folgende Aneinander-reihung). Als Characteristicum von *V aber darf der Schluss durchaus nicht betrachtet werden; im Gegentheile, wir haben darin nur eine Eigenschaft von V, die vorderhand noch nicht ganz klar ist, anzuerkennen; es wäre daher sehr gut möglich, dass auch im Folgenden B der Classe *V entstamme und dies wird sich Jedem als nothwendige Folgerung aufdrängen, der sieht, wie gewaltig B von M abweicht und wie es trotzdem nur seinem bisherigen Vorgehen treu bleibt.

Ueber die Parallelen zwischen dem Schlusse in V, dem Gedichte, wie es in V vorliegt, und M orientiert nachstehende Tabelle. (V 225, 13.)

	V	M
Unde also diz ale-xander uernam	(vgl. M 2036. B 1623)	3248 *alexander diz uernam*
er manets sine getrue man	199, 9 f. *er nam sin aller getri-wisten man*	*do maneter sine getruwe man*
die im ze siner note	10 f. *die ime ze siner note*	3250 *di ime waren einmvte*
ie waren ain mûthe.	11 *ie waren ein mûthe.*	*zaller siner note . . .*
mit ainer minner menige	223, 22 *mit allen ir menegen*	3258 *di criechische* ö *manige*
so reiht er in zege-gene	192, 13 f. *unde giench sineme ua-ter gegene*	*den persen in-gegene*
ze mesopotamia	223, 23 *in daz felht meso-potamiam*	3260 (*mit michiler freuele*)
da chomen si ze-samene	192, 14 *unt also si zesamene chomen*	*quamen si ze-samene*

4*

	V	M
in der breiten ouwe.	223, 24 in der breiten owen	bi dem strage an der ouwen
10 *[man] mahte nie be-schowen*	223, 24 da wolte er sin her bescowen	wer mohte ie bescowen
schar also edele	(vgl. 200, 26 f. unde einen mantel also edele	zvei so herli-chen scaren
uor eineme chunige	so chunich...	3265 (da was mani-ger muter barjn)
die der ie zesamene chomen,	192, 14 unt also si zesamene chomen 225, 19 do iz al zesamene chom.	da si ze samene quamen
unde so grozen scha-den genamen	196, 10 f. daz er neheinen scaden hethe geno-men	vnde grozen scaden namen
15 alle die wolch wich uon darios zit	(187, 16 f. si lertin sturm unde uolcquvic)	3275 [alle di uolc-wige sturme vnde strite di uon darien gezite
die alle bizher sint gescheen		al biz her sint geschit,
si ne muhten dar zú gelichen nievht.	187, 17 so des nie wart gelich (184, 14 f. im ne geli-chet nehein ander)	3278 di ne glichen dar zo njet.]
do was daz felt uil breiht	208, 23 da was daz uelt uil wiht	3268 da was daz felt uil breit

M	V	
mit ten toten uber spreiht	[vgl. 209, 13 ff. uf der erde mahte niemen gan, also uil lag ir da erscla- gen.]	mit den toten vbirspreit
da alexander durch daz wale brach	218, 25 durch alle die sine er brach	20
	202, 11 f. dannen er durch daz lant brach	
á was da helede tot lach	210, 27 f. a waz ime da helede tot lach (: brach)	
unde also er hin muz nu also ergan		
ir sulten zins hie in- fahen:	196, 14 ff. der den scins uon sinem fater philippus woldenfanen.	
da ir uil manegen tach habeth nach gesant	196, 23 f. (daz phi- lippus den zins galt in darios gewalt) dannen uber mane- gen tach . . vgl. 199, 2 f. dar nach uber um manegen tach.	
den han ich iv braht in diz lant.		25
mit tem selben worte	221, 28 mit dem sel- ben worte	
so gab er im mit dem swerte	222, 1 gab er im mit dem swerte	

M	V
ainen slach der was mare groz	222, 3 f. *uf daz hȯ-bet ern sluch* [vgl. 220, 16 f. *div me-nige div was mare groz : schoz.*]
daz imz hȯbet uur daz march scoz	222, 4 f. *daz hȗbet uiel ime uur die fȗze*
30 *da geschieth sich daz volcwic.*	[vgl. 221, 2 f. *e sich der sturm ge-schiede.* 220, 26 *der der is gevaht uolcwich*]
sus saget uns maister albrich	218, 2 f. *alsus hortich mai-ster alberi-chen sagen.*
unt der gȗte phaffte lampret.	183, 1 ff. *Diz lit . . sin geuȗge ist uil*
diz lieht ist war unde rehth.	*reht, iz tihte der phaffe lambret.*
hie duhte siv beidi div maz.	derselbe Reim findet
35 *nu ist zith daz laZEN.*	sich 197, 14 f. 214, 1 f. 215, 21 f.

Schluss.

Das Resultat meiner bisherigen Untersuchung lässt sich graphisch folgendermassen darstellen:

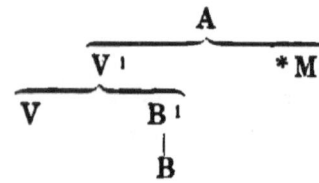

III. Capitel.

B steht allein.

Naturgemäss zerfällt die folgende Untersuchung in zwei
Theile, sie behandelt: 1. Aenderungen und 2. Auslassungen.
Dabei sind wieder zu scheiden a) Auslassungen mit bestimmter
Kunstabsicht, b) fehlerhafte Auslassungen, durch die der
Sinn gestört wird.

Wackernagel stellte die Ansicht auf, B sei durch eine neuer-
liche Uebersetzung von Alberics Werk entstanden. Seite 31
seiner Schrift sagt er: ‚Der Verfasser hat mit dem Lamprecht
in der Hand noch einmahl dessen franzoesisches Vorbild, den
Alexander Aubris von Besançon verdeutscht‘. Dass diese An-
sicht unhaltbar sei, ergibt sich schon daraus, dass *B die von
A ausdrücklich zurückgewiesene Einleitung über Alexanders
Abstammung und Geburt enthält. Hätte ihm also Alberich
vorgelegen, so hätte er sich gewiss nicht unter die Schaar von
lougenären gestellt, von denen die Rede ist. Das von P. Heyse
gefundene Bruchstück des französischen Gedichtes kannte
Wackernagel noch nicht. Auch Alberich sagt: *Dicunt alquant
estrobatour, qu'el* etc., in B müsste daher, wenn Wackernagels
Ansicht die richtige wäre, wenigstens mit einigen Worten
gegen den Ausspruch Alberichs remonstriert und die Richtig-
keit der Geschichte mit Nektanabus hervorgehoben werden.
Doch nichts von alledem, B berichtet mit Ruhe die ganze
schmutzige Erzählung, die einen betrügerischen Pfaffen und
eine leichtgläubige Königin vorführt, wie sie die mittelalter-
lichen Alexanderdarstellungen alle überliefern.

Dies ist die Hauptänderung von B, es wollte aber mit
seiner Einleitung offenbar die vollständige Sage geben, denn
in seiner Hinweisung auf Alexander heisst es: *der disse mer
wélt wissen der lesse den grossen allexander oder daz bůch der
machabeis.* (Bl. 21ᵃ. 1.).

Diese Einleitung ist darum interessant, weil man aus ihr
die Leistung des Ueberarbeiters ersehen kann. Die Ansicht,
welche Wackernagel ausgesprochen hatte, die Entstehung von

*B sei ins dreizehnte Jahrhundert, obwohl erst gegen das Ende desselben zu setzen, findet darin ihre Bestätigung. [1]

B reimt ganz genau, nur folgende Unreinheiten sind zu bemerken.

â : a getân : daran 137 f. : man 305 f.

i : î sin : sîn 149 f.

ei : ie scheid : miet 247 f.

o : ô wort : hôrt 105 f. : erhôrt 443 f.

m : n nam : man 65 f. herheim : mein 171 f. gadem : schaden 237 f.

s : z was : daz 71 f. gesaz : genas 389 f.

en : e stunden : begunde 378 f. (was leicht in *stunde* zu bessern ist.)   Höchst auffallend ist der Reim Vers 417 *swære (swer) : Alexander.*

Alle diese Unreinheiten finden aber zudem Erklärung im Dialekte des Dichters und einige von ihnen, z. B. die Bindung von *â : a* begegnen schon in classischen Dichtungen.

Auch über die metrischen Ansichten des Ueberarbeiters werden wir unterrichtet; seine Verse sind alle vierhebig, oder dreihebig klingend, die vierhebigen sind entweder stumpf oder klingend, nur Vers 456 *und hasse daz niut bist gelîch der frouwen* [l. *formen*] *mîn* und Vers 444 *disse wort* fügen sich dieser Regel nicht. In ihnen muss Verderbnis angenommen werden. [2]

Die Einleitung enthält 267 Reimpaare, von denen 24 gewiss, 2 wahrscheinlich dreihebig klingend sind, also 10 Procent. Es sind folgende: 21. 25. 49. 51. 61. 69. 81. [133.] 135. 141. 165. [233.] 289. 317. 321. 323. 327. 353. 377. 379. 433. 463. 499. 511. 515. 529.

Die Verse zeigen zum Theil keinen, zum Theil ein- oder mehrsilbigen Auftact. Zweisilbiger findet sich 40 Mal u. zw. Vers 1. 10. 17. 19. 26. 48. 53. 70. 90. 115. 124. [132.] 150. 151. [152.] 164. 187. [223.] 224. [226.] 241. 262. [274.] 278. 300. 306. 309. 336. [346.] 363. 364. 400. 406. 414. 422. 474. 502. 512. 518. 530. Vom dreisilbigen wären Vers 57 *daz er ze | mazidoni wurd erkannt* und Vers 406 *alle die | zît sôz* [Hs. *so daz*] *kind wurde brâht*, die einzigen Spuren, doch dürfte der letztere in *al die* zu bessern sein.

---

[1] Ich verweise auch auf die Betrachtung des Lautstandes in B.
[2] 444 zu bessern nach Vers 4610?

Schwebende Betonung gestattet sich der Dichter fünfmal.
Vers 5 *niender noch in nigramancî.*

[164 *anders ich dir niut gelouben mac,* hier wohl zweisilbiger Auftact.]

259 *meister, ich hân gesant nâch dir.*

375 *meister, mir ist unmâzen wê.*

449 *meister, ich hân gesant nâch dir.*

Die beliebten Flickverse sind ihm bei der Arbeit willkommene Mittel zur Herstellung der Reime. 1. **Berufungen auf die Quelle:** Vers 2 *als ich von im geschriben las* 78 *als ich von ir geschriben las* 139 *als mir die (ge)schrift hât geseit* 146 *als ich an einem buoche las* 428 *als ich an der istorî vernam.* 2. **Betheuerungen der Wahrhaftigkeit:** Vers 224 *des solt dû von mir gewis sîn* 314 *des wil ich dir für wôr jehen.* [384 *als wâr daz ist?*] 412 f. *daz ich für wôr sagen mac und sîn offenlîchen gich* 421 *ich sage iu für wâr* 460 *ich wil dir sicherlîchen sagen.* 3. **Flickverse anderer Art:** 136 *als man es wienschen solde.* — 165 *in vil kurzen stunden (: funden)* 377 *an den selben stunden (: begunde)* 463 *an der selben stund (: begunde).* — 398 *daz beschach niemer sîd.*

Darin besteht das Können des Ueberarbeiters, das er nun auch auf den Text von Lambrechts Alexander überträgt. Es ist offenbar, dass B ändert, um unreinen Reim wegzuschaffen und zwar geht es viel weiter als M, dessen Bindungen durchaus nicht rein im höfischen Sinne sind.

551 VM *hâr : mâl*	B *hâr : sunderbâr.*
616 V *chinden : gewinnen*	B *springen : bringen*
624 V *daz : brach*	B *ersach : erbrach*
672 VM *sitte : geritten*	B *siten : geritten*
684 V *beginnen : uberwinden*	B *beginnen : gewinnen*
M *beginnen : verwinnen*	
692 VM *stat : en(t)sa(z)t*	B *stat : mat*
694 V *abe : dane*	B *dâ : dô* (alemannische Aus-
M *ane : dane*	sprache)
714—717 VM *minnen : gewun-*	B *sâ : dô, nicht : geschicht*
nen, getûn : rûm	
720 V *willen : gestellet*	B *wellent lân : getân*
948 V *edele : himele*	B *rîch : kôstlîch*
952 V *nâme : româre*	B *mêren : romêren*

1044 VM *stat : daz*	B *stat ze hant : bekant*
1078 V *hers : mer* M *here : mere*	B *hers : mers*
1161 V *werlte : werden*	BM *erden : werden* (s. oben)
1165 VM *durch : burch*	B *durch in : mûren hin*
1181 VM *riter iunc : verwunt*	B *ritter an der stund : wund*
1236 VM *burch : durch*	B *stat : mat*
1268 VM *nam : man*	B *gewan : man* (vgl. oben)
1274 V *erlôste : nôte*	B *lôst : rôst* (typische Bindung)
1334 VM *sculde : golt*	B *schulde : hulde*
1430 VM *grôz : tôt*	B *nôt : dôt*
1440 VM *gesach : slach*	B *gesach : vngemach*
1480 VM *slach : gesach*	B *dar : bar*
1484 VM *zende : lende*	B *ende : lende* (vgl. Vers 743)
1488 V *gebranc : pant*	BM *hant : bant*
1524 V *warf : restarb*	B *warff : scharf*
1597 V *lant : tusint*	B *gesant : lant*
1599 V *gesant : tusint*	B *brâhte dar : schar* (vgl. Vers 1601)
1605 VM *wesen : risen*	B *dar : schar*
1607 VM *man : frigiam*	B *man : dan*

Dies sind die Aenderungen wegen Unreinheiten des Reimes;
doch ändert B auch aus metrischen Ursachen, sucht die Verse, die
ihm zu kurz oder zu lang erschienen, auf das richtige Mass von
vier Hebungen zu bringen; Beispiele dafür fanden sich schon
oben in ausreichendem Masse. B ist aber conservativer als M: es
macht nicht aus éinem Verse, wenn er zu lang scheint, drei, son-
dern wirft die irgend entbehrlichen Worte unbarmherzig heraus.

Damit ist zugleich eine andere böse Eigenschaft des
Ueberarbeiters angedeutet. Er hat gar keine Achtung vor dem
überlieferten Texte, sondern operiert nach Gutdünken in ihm
herum. Sein Interesse ist auf das Thatsächliche gerichtet,
daher scheidet er willkürlich das aus, was ihm nicht noth-
wendig zur Sache gehörig scheint. Nicht einmal die Citate aus
der Bibel lässt er unangetastet.

Bekanntlich hebt Gervinus besonders lobend hervor, dass
Lambrecht seinen Stoff mit Bibelstellen geschmückt habe —
freilich dürfte nur Alberich dies Lob verdienen — er wäre
daher nicht sehr zufrieden mit dem Corrector B, welcher nur
éine Erwähnung biblischer Vorgänge stehen lässt: *tiryus ist*

*ouch diu stat, dô got der heidnin dohter lôst von des bœsen geistes
rôst;* B kürzt auch da, während M seine Kenntniss der Stelle
(Matth. 15, 21) durch Einführung des Namens *chananea* be-
weist. In dem Stücke, das auch von V überliefert ist, wird
die Bibel zehnmal citiert, éinmal von V allein, viermal von
V in dem Theile, welcher in die Lücke von M fällt, viermal
von V und M, éinmal von allen Hss. M ist dabei meist am
breitesten. Auch im weiteren Verlaufe scheidet B die Bibel-
stellen aus, vgl. Vers 2305 ff. 4024 ff. (M). Der Vergleich aus
der altdeutschen Sage wird von B nicht minder als überflüssig
angesehen und daher bei Seite geschoben: es beweist darum
für eine nähere Verwandtschaft von M und B durchaus nichts,
wenn sich einmal die Anführung aus der Bibel in beiden nicht
findet; V 219, 3 heisst es:

> *grôzer slege wurden nie getân,*
> *si ne slûge wîlen sâmsôn,*
> *der die grôzen maht an ime truoch*
> *daz er mit eines eseles bachen ein tûsint liutes ersluoch.*

(*daz er* und *liutes* zu streichen und *er sluoch* zu schreiben?)
B lässt jede solche Stelle weg, ist auch hier sonst von M
ganz unabhängig, darum das Fehlen Samsons kein gemein-
samer Fehler von M und B. Das eben angeführte Citat aus
der Bibel ist ganz im Stile solcher Vergleiche (cf. Lichtenstein
QF. XIX s. CLII), während die Anknüpfung von biblischer
Gelehrsamkeit in A anders typisch war: *tyre ist noch div selbe
stat* (W 1257); *diz ist noch der selbe walt* (W 945); *diuselbe
burch sardix* (W 1762); *medin rîch ist noch daz selbe lant* (W
1840); oder es heisst: *armenien lant . . . diz was dâ diu archa
gesaz* (W 1850); *diz was darios te*. . (W 552); *zityam . . . diz
was dâ* (W 770); *diz ist libanus der . . .* (W 942); oder endlich:
ein stat heizet nicomedias dâ . . . (W 906 f.); *ouch pitaniam dâ . .*
(W 772) vgl. M 2305 *chorinthia was ein michel stat di . .*

Oftmals sind die Ursachen nicht zu erkennen, durch die *B
zur Aenderung bewogen ward, doch zeigt sich Streben zu moder-
nisieren; manches wird als veraltet empfunden: *arbeit* ist ihm
nichts Betrübendes mehr, er muss also *leit* dafür setzen [1] (845).

---

[1] In der Einleitung Vers 334 blieb stehen: *dô half er mir ûz arebeit* auf
den Kampf bezogen und Vers 380 *von den arbeitten kunst du scheire
küngin,* womit die Geburtswehen gemeint sind.

balt als Epitheton ornans kennt er nicht mehr, er schafft es fort
(Vers 979. 1104. 1550). *zende* ist nicht der von ihm gebrauchte
Plural, er ändert daher (Vers 743. 1484). *ort* muss wegfallen
(1532), auch gegen *gire* zeigt sich Abneigung (Vers 1195. 1399).
Das Pferd darf nicht mehr *weien*, es muss *winhellen* (594), für
helde wird *volk* gesetzt (Vers 1061). Dann erweist B Streben
nach Abwechslung, er hält Vers 1597—1602 nicht an der
Ueberlieferung fest:

> *cilicien heizet ain lant,*
> *si brâhtin im azech tûsint.*
> *von ninive wurden ime gesant*
> *ain unde zewainzich tûsint.*
> *die ûzer armenin lant,*
> *si brâhtin ime aht tûsint*

sondern schreibt:

> *achzig tûsing wart gesant*
> *von cillizya dem lant.*
> *(von) ninive brâhte dar*
> *zwênzig tûsing in ir schar.*
> *achzig tûsing wârent der*
> *die von armenye kômen her.*

Dadurch hat die Stelle entschieden gewonnen.

Lautstand in B.

Im folgenden Abschnitte betrachte ich die lautlichen Ver-
hältnisse von B; freilich lernen wir nur den Schreiber kennen,
jedoch ist auch für den Bearbeiter manches aus den Reimen
zu gewinnen.

Ich verzeichne bei jedem Laute, was in B dem reinen
Mhd. entspricht; dabei scheide ich aber, indem ich unter I
den Lautstand von Einleitung und Schluss (Vers 1—534 und
4241—4734) zusammenfasse, unter II den Lautstand des Ge-
dichtes, so weit es in VMB (Vers 535—1623), unter III so
weit es nur in MB überliefert ist. Die Beispiele werden keines-
wegs vollzählig aufgeführt, sondern bei jedem Falle eine
Auswahl getroffen.

Wie sich schon zeigte, sind Bearbeiter und Schreiber
nicht ein und dieselbe Person (s. o. S. 55 f.); darum empfahl

es sich, die durch Reime gesicherten Eigenthümlichkeiten von
den andern zu trennen und als charakteristisch für die Sprache
des Bearbeiters hervorzuheben.

Der Dialekt ist durchgehends alemannisch, nur scheinen
sich Spuren des Md. zu finden; ich verweise darum jedesmal
auf Weinholds Alemannische (AG) und Mhd. Grammatik
(MhdGr.). (BG natürlich Bairische Gr.)

A. Vocalismus.

1. Die einfachen Vocale mit ihren Umlauten.

a. Der Bearbeiter steht auf streng mhd. Lautstufe; er
gestattet sich nur Reim von *a : â,* was nicht auffällig ist.

In der Sprache des Schreibers wird mhd. *a* geschädigt:

1. durch übermässige Ausdehnung des Umlauts, in der
Hs. durch *e* wiedergegeben. II Vers 898 *erbeit* AG § 12.
15. MhdGr. § 28. 35. Vers 1123. 1198. 1453. 1510 *hertter*
als Positiv. Im Comparativ Vers 612 *lenger* als Adverb. III
2904. 2951. 3282 *erbeit* 3035 *menlich.* I 4386 *gevelle* steht
für *gevalle.*

Dabei ist Schwanken vorhanden zwischen den Formen
mit und ohne Umlaut. I 362 *mengi lant* 4355 *menges* (= *manegen*)
gegenüber 4111 *manig* 4113 *mangen.* II 675. 1003. 1179. 1189.
1245 *menger* gegenüber 1168. 1181. 1186. 1462 *manig.* III 2263.
2513. 2520. 3036. 3139. 3211. 3238 *menger* und 3390 *menigvalt*
gegenüber 3189 *manger.* (Zwischen *iemen, niemen* und *ieman,*
nieman dasselbe Schwanken vgl. Vers 4042. 4143 gegenüber
4139. 4334 AG § 17.)

2. durch Verdumpfung zu *o.* AG § 25. Es findet sich
nur in *wond* sehr häufig III 1635. 2293. 2296. 2307. 2368.
2405. 3054. 3720. 3732. 3874, daneben jedoch in I z. B. 118.
383. 411 *wand.* Vermuthungsweise ist *o* für *a* auch anzunehmen
Vers 2396 *sol* für *sale.* III 3467 *old* 3663 *older* (3745 *oder*).

â. Auch dies vom Bearbeiter rein mhd. bewahrt. [1] Beim
Schreiber tritt dafür *e* ein III 2989 *hest* 2186 *het : rât,* ein
Beweis, dass der Bearbeiter nur *hât* schrieb.

---

[1] Der Reim *môren : geboren* (= *gebâren*) 3099 f. ist zweifelhaft, man wird
andere Versabtheilung vornehmen müssen; die Stelle ist verderbt.

Sehr häufig wird *á* zu *o* AG § 44. 124. MhdGr. § 76.
Dass dies nicht blos Zeichen des Elsässischen, sondern vom
dreizehnten Jahrhundert ab allgemein alemannisch vgl. Deutsches
Heldenbuch IV vii. V xii. Jänike Altd. Stud. S. 58. I 25 *komen*
46 *hor* 65 *froge* 178. 314. 412. 4921 *wor* 194 *mos* 226. 4376
noch (270 *nach*) 321 *geboren* : *woren* 427. 4308. 4767 f. 4720 etc.
jor, joren 4379 *schoff* 4452 *geton* 4505 *lon* : *man* [1] 4623 *sochen*
4639 *rot* (: *drat*) 4721 *underlos*.

II 545 *woren* 587 *jor* 652 *moll* 688 *lon*.

III 1749. 1759 *woren* 1694 *noche* 1758 *erschroken* 1771
schoch 1843 *strosse* 2030 *jo* 2041 *groffen* 2052 *komen* 2133
gon : *on* = *gân* : *áne* 2929 : *ston* 2195 *geboren* 2350 *lost* 2404.
3728 *wonde* 2608 *los* 3178 *underlos* 3291 *frogte* (3305 *fragte*).

ä und *æ* werden in der Hs. durch *e* wiedergegeben und
dies scheint dem Dialekte des Bearbeiters zu entsprechen AG
§ 39. 89. 122. MhdGr. § 61; es finden sich nämlich folgende
Reime: I 417 f. 4368 f. *swer* : *Alexander*. III 2235 *mer* : *Alexan-
der*, daneben *Alexander* Vers 2630 : *wer* stf. 2682 : *her* gereimt.
Auch 4559 *Capadocyer* : *schriber* sind gebunden. Dem Bearbeiter
erschien also *Alexander* wohl als Verkürzung aus *Alexandære*.
(Die metrische Ver.wendung des Namens ist bei ihm eine un-
gleiche. Vers 471 *álexànder* ebenso 493. 512. 517 u. o. *alexánder*
Vers 584. 691. 868. 883. *alexàndèr* Vers 741. 749. 879 wenn in
diesen Fällen nicht *aléxandèr* zu betonen ist wie 853 *aléxandrò*.)

Beim Schreiber I 25 f. u. o. *mer* : *wer* = *mære* : *wære*
176 *specher* 219 *leg* : *pfleg* 4456 *sessen* : *esen* = *sæzen* : *æzen*
4386 *wenne* = *wæne*. II Vers 583 *brechtte* *swer* 907 *verechttet*.
III Vers 1662. 2210 *wer* : *mer* 2361 *werest* 1772 *stette* 1914
hetti : *tette* 2072 *kemen* 2291 *seld*.

Einmal steht *a* für *æ* III 3036 *datten*, doch dürfte dies
nur Misverständnis sein (Ind. für Conj.).

age wird contrahiert 1. zu *a* (= *á*) II 870 *klate* MhdGr.
§ 55. Dies scheint nur md. zu sein vgl. MhdGr. § 58. Nichts
Entsprechendes AG S. 34 f. —

2. zu *ei* AG § 56. 99. 131. MhdGr. § 103. II 778 *seitte*.
III 3624 f. *treit* : *maget leit* (: *leget*); es gestattete sich also
auch der Bearbeiter solche Contraction —

---

[1] Beim Bearbeiter also *á* : *a*.

3. zu *e* (= *ê*), welches oft für *ei* steht (s. u.) III 1759
teding 2634 *deding* = *tageding* (AG § 38. MhdGr. § 68).

âhe wird zu *e* (= *ê*) III 3903 *geven* = *gevâhen*. Dies
scheint md. MhdGr. § 68.

a findet sich als Svarabhakti in dem Personennamen
Karatter Vers 3909 für das gewöhnliche *krater*. Die Schrei-
bung der Eigennamen ist jedoch so ungenau und schwankend,
dass aus ihnen nichts geschlossen werden darf. Ich zog sie
daher im Folgenden gewöhnlich nicht herbei. [1]

aa ohne lautliche Bedeutung Vers 4203 *gestaalt*.

e. Auch hier steht der Bearbeiter auf streng mhd. Stand-
punkte, nur gebraucht er die Form *har* = *her* : *gar* Vers 3844,
was alemannisch überaus häufig ist (AG § 11 S. 92), sich jedoch
auch md. findet (MhdGr. § 23); beim Schreiber macht sich
wieder sein alemannischer Dialekt geltend.

In der Flexionssilbe erscheint *a* für *e*, was aber ver-
schrieben sein dürfte in Vers 4495 *ertrenkan* : *senken*. Sonst
(AG § 11) II volle Form *danan* Vers 820. 969 neben *danen*
(: *manen* = *mannen*) Vers 1087. III *danan* Vers 4131 neben
danen 4079. *a* für *e* tritt ein in *har* 2661. 2774. 3691. 3844
: *gar*, in *sant* = *sent* Vers 3132 : *ungewan* (zu lesen *ungewent*).
2927 *markte* für *merkte*.

i für *e* II Vers 640 *is* = *ez* AG § 415. MhdGr. § 460. —
In Stammsilben nur einmal I Vers 4480 *liger* = *leger*, daneben
Vers 3561 *legers*. — In Ableitungssilben I 414 *ellimenten* 4460
keminatten. II 1160 *obrist*. III 3254 *zigibein*. — Vorzüglich
erscheint *i* oder *y* in geschwächten Endsilben AG § 23. MhdGr.
§ 38. Die Zahl der Fälle ist sehr gross; folgende seien erwähnt:

I 32 *vesti* 39 *mengi* 212 *wüesty* 272 *wiesti*. — 288 *witti*
335. 362. 4509 *grossi* 4512 *liebi* 491 *selbi*. — 232 *zuigi* 276 *hetti*.

II 976 *gabi* 1013 *herzy* 1461 *burdi*. — 1244. 1289 *grossi*
1283 *schöni* 998 *jüdeschy* 1088 *sweri*. — 803. 1567 *müesti*.

III 1741. 1928 *vestin* 1773 *alli* 2015. 2352 *grossy* 2175
edli 2402 *mengi* 2097 *kreichschy*. — 1914 *hetti* 1932 *zugi*
2269 *kemi* 2402 *stelli* 2634 *hielti* 2635 *detti* 2641 *entetti*
3150 *stilli*.

---

[1] Vers 442 *niean* ist in *niend* zu bessern. AG § 10.

Auch *o* für *e* (resp. *i*) tritt ein: II 1028 *einloff*. III 2655 *wilond* (AG § 25. 83. 116); nicht minder Umlaut von *o* (Hs. *ŏ*) für *e* AG § 28. 117. MhdGr. § 46. I 116. 153. 4349. 4379 *mönschen* 540. 4352 *geschöfte*. II 573 *mönschs* 1214 *frömde*. III 2389 *bŏsser*. 3408. 3367 *mönschen* Höchst auffallend und sonst nicht belegt ist *üe* für *e* in diesem Worte I 4354 *müenslich*. III 4202 *müenschen*. *üe* für *œ* findet sich (AG § 75. 109, s. auch u.), jedoch für *üe* = *ö* weiss ich keine Parallele.

u für *e* steht 2397 *stull* — *stele* : *sol* = *sale*, *sele*.

eo für *e* erscheint II 598 *leow* = *lewe*.

ie für *e* (*i*) III 2099 *wiest* : *vest* AG § 63. Vers 3946 *geniessen* (= *genesen*) : *wesen* wohl nur Schreibfehler.

ê. Der Bearbeiter bewahrt es unverletzt.

ê wird in der Sprache des Schreibers schon zu *ee* I 332. 364 *ee* 375 *wee*. II 831. 1434. 1440 *ee*. III 4094 *ee*, doch auch *mee* II 723.

ie für *ê* II 999 *Jerusaliem* AG S. 62, § 102. 135. MhdGr. S. 96.

ege wird 1. *ei* III 3900 *leitte* 3625 *leit* 3979 *geleit* AG § 56. 99. 131. MhdGr. § 103. — 2. *e* (= *ê*) I 4250 *allwend* = *allewegent* AG § 38. MhdGr. § 68. — 3. *o* I 4343 *gon* = *gegen*, doch dürfte dies nur Verschreibung sein: *o* und *e* sind in B einander überaus ähnlich, freilich ist an unserer Stelle *o* ganz deutlich.

ebe zu *e* zu contrahieren, gestattet sich der Bearbeiter; er reimt 727 *gegen* (= *gegeben*) : *den* AG § 38. MhdGr. § 64. 68. Das *e* ist kurz vgl. Jänike Altd. Stud. S. 59, Zs. 17, 506. — II Vers 689 *gen* 1370 *gen* : *leben*.

Für Synkope und Apokope des *e* bietet fast jeder Vers ein Beispiel, Conjugation und Declination werden gleich stark davon betroffen, und zeigen den ärgsten Verfall der Endungen. Bei Synkope des *e* tritt einige Male Assimilation ein, z. B. Vers 622 *lept* daneben Vers 555 *dobt*. Die Behandlung zweier *e* bei absteigender Betonung ist in I und II consequent, während III schwankt. In I und II wird das erste *e* synkopiert ohne Rücksicht auf die Quantität der Stammsilbe.

I 330 *rittren* 352 *meistren* 4468 *vedren* 189 *edle* 4518 *üblen* 4533 *obrest* 4249 *liebste* 4325 *nechster* 53. 277. 4323 *andren* 47 *verwandlet* 4355 *wundret* 4525 *ordnen* 4672 *genidret*.

II 1444 *rittren* 1086 *übles* 1426 *fordrest* 831. 1136 *andren* 635 *wadlet*.

III ebenso 3177 *eln* 3361 *rittren* 3464 *geislen* 3088 *tóchttren* 3527 *edlem* 2613 *vordren* 2464 *vordrest* 2431. 3068. 3117. 3206. 4128 *andren* 3089 *unsren* 2268. 3650. 3764. 4721 *wundret* 3859 *genidrst*. Dagegen 2963 *übel* 3637. 3801 *andern* 3090 *unserm* 3440 *unsern* 3706 *verwandelt*.

Dann findet sich II Vers 666 *iuweren* 812 *iuwerem* geschrieben (843 *dieneren* gehört natürlich nicht hierher). III 3949. 4073 *iuweren* 3788 *triuweren*.

Unorganisch wird *e* angefügt, doch nicht sehr häufig. 1095 *berge* als Acc. sg. 2289 *sune* als Voc. (scheint md. zu sein). Zwischen Liquiden im Inf. 19 *besweren*, endlich in der 1. sg. ind. pt. 2367 *liesse = liez*. Dreimal bietet B die Form *künkerich* dar Vers 576. 4169. 4246 (hier *küngkerrich* geschrieben), die consequent festgehaltene Form für *künec* ist *küng*, *e* daher zur Vermeidung der Consonantenhäufung eingefügt. Svarabhaktî in *geren* : *eren* 4581 und auch sonst 3484.

i. Der Bearbeiter steht auf der Stufe des strengen Mhd., nur reimt er *ie* auf *i* 1800 f. *rietten* (von *râten*) : *sitten*, während er 1826 den Reim *dingen* : *giengen* in *viengen* : *giengen* änderte; Vers 4185 *mir* : *schier* (dies soll ausschliesslich bairisch sein vgl. aber Brendicke, Laut- u. Formenl. 13).

e für *i* I 4684 *Allexandrea* (gegenüber 4695 *Allexandrya*). II 724 *samer = sam mir*. III 2431 *swemet = swimmet* 3362 *swemen*, daneben 3570 *swimen*. 2784 *rech = riche* 1. sg. ind. ps. (3515 *gūld*, meint wohl *guldîn* nach 3613 und sonst. Nur Vers 213 steht verschrieben *wurzelen : sîn*).

ie für *i*, resp. *e*, und *o* für *i*, resp. *e*, siehe unter *e*.

î. Der Bearbeiter streng, nur *sîe : hie* 4193.

ei für *î* steht II Vers 1333 *gnedekleich* für -*lich* und -*lich*, wie B abwechselnd reimt; Vers 56 *beinin* steht für *lînîn*, das Misverständnis scheint auf einer Form *leinin* zu beruhen. Offenbar misverstanden sind die Formen 1753 *gebeitten* 2230 *erbeiten : striten* 2325. 2421 *beitten*, wo *î* das einzig Richtige ist. Jenes eine -*leich* gehört also zu den Fällen, in denen gelegentlich auch alem. *ei* für *î* erscheint AG § 57. 99. 131. MhdGr. § 91, wenn man nicht lieber Verschreibung annimmt.

ie für *î* I 4700 *liebes* = *libes* misverstanden.

î erscheint III 3085 *vinden* und 4193 *si* (Hs. *sy* : *hie*) für *îe*, resp. *ia*.

ibe wird *î* I 386. 536. II 818 *gît* = *gibet*.

j für *i* I Vers 4409 *jnen* 4721 *jn* 4572. 3207 *jren*, auch vor Vocalen: 4042 *jemen* 4334. 4139 *jeman* 4461 *jeder* 3538. 4588 *je* 3314. 3345. 4641 *jemer*. II Vers 1216 *jemer* 1440 *jeman* 1508 *je*.

Synkope von *i* (resp. *e*) findet sich durchgehends bei *klüng* und *klüngin*. Vgl. ferner I 4026 *sidner* 4666 *mecidonscher*. II in verschiedenen Formen: 1037 *kriesschen* 1234 *kriechs* 1247 *kreischy*. III 2438. 2483 *kriechsen* 2568 *kriescher* 3072 *kreichschen* 3366 *kriechschi* 3072. 2080 *kreichschen* 2097 *kreichschy*.

Eingeschoben erscheint *i* Vers 4105 *wuniste* für *wunschte*.

o. Der Bearbeiter reimt *a* : *o* 4486 *nacht* : *mocht*. Im Superlativ ist die Form auf *o*, welche der Reim verlangt, vom Schreiber verwischt Vers 1868 *fordrest* : *drost*, doch findet sich ausserhalb des Reimes 3123 *zwenzigosten* gewahrt. Sonst ist nichts zu erwähnen. Beim Schreiber jedoch steht:

a für *o* I 4306 *van* für *von* AG § 11. MhdGr. § 20. III erhalten erscheint *a* in *ungewan* Vers 3131. 3718. AG § 11. Eingetreten in *nach* für *noch* Vers 2136. 2965. AG § 11. *gezagen* Vers 3943 (: *herzogen*). Vers 76 *alimpya* für *olimpia*.

e für *o*, [1] II Vers 1293. 1304 *kleinet* neben *kleinot* Vers 1300. AG § 17.

u für *o* II Vers 1134 *forchtten* : *wurchtten*.

ô. Nur Sprachformen des Schreibers zu erwähnen.

a für *ô* in III Vers 3224 und 3239 *datten* für *tôten* irrthümlich.

ou für *ô* 343 *schûs* = *schôz* AG § 71. 105. 139. MhdGr. § 97. Schönbach Zacher's Zs. für d. Philol. 6, 282.

uo für *ô* 2285 *fruo* (: *sô*), wo *frô* zu lesen ist wie in M.

ô und *œ*. In B geschrieben *ó* und *è* (z. B. I 4453 *mècht* = *mühte*. III 2398 *mèchte*); auch *ô*, was wohl nur Flüchtigkeit der Schrift ist (Vers 3609 *gôtte*; 127. 130 steht *gótte* 118.

---

[1] Vers 4434 *verzech*, wohl für *verzoch*, jenes passt nicht in den Zusammenhang.

120 *götten* 572 *götter*). Die Sprache des Bearbeiters auch hier strenge.

Beim Schreiber unterbleibt der Umlaut, z. B. I 4254 *schones wib*. III 3449 *schone boume* 3816 *schone keminat*, dringt dagegen z. B. in das Adverbium ein 3780 *schône* gegenüber 3809 *schon*. Auch sonst gewinnt der Umlaut an Ausdehnung I 4452 *sôlich*. II 605. 698. 816. 1567 *sôlichs* 664 *ir sôllent* 663 *môchtte* 1319 *bedörffte*. III 1624. 2146 u. s. o. *sôlich* 1660 *wôlt* 2375 *sôlt* 2020 *sôlle* 1769. 1863 *sôllen* 2413. 2898. 4019 *sôllent* 2593 *törffte* 3038. 3214 *môren : oren* (3612) : *geboren* [1] (= *gebâren* 3099) 1987 *dôrt* AG § 27.

üe für *œ* AG § 75. 109 Vers 76 *schüeni*. Es ist eine ganz junge Form.

Zu bemerken die Schreibung *düechte : môchtte* Vers 4140.

u. Die Sprache des Bearbeiters ist strenges Mhd.

e für *u* II 1055 *ende = unde* (Welle), wohl nur misverstanden, wie bei diesem Worte oft.

o für *u* AG § 24. 83. 116. MhdGr. § 42. I 466 *begonde* (dagegen 464 *begund : stund*). II 571. 618 *begonde* (631. 880. 1447 *begunde*). III 3493. 3757 *kond* 3038 *wosten*.

uo (Hs. *û*) für *u* I 4546 *fruom = vrum : pottolomeum* MhdGr. § 129. AG § 78. 111. 144.

üe für *u* I 113 *küenen*.

u = un nur verschrieben 4337 *bettwugen = betwungen*.

û.

üe für *û* III 1985 *rüemen = rûmen* ist nur Misverständnis.

û = ûwe I 4724 *butte = bûwete*.

û und *iu* werden durch *û* ausgedrückt, 517 steht jedoch *ú = iu rúwe = riuwe*. Umgelautete und nicht umgelautete Formen stehen neben einander.

I 1024. 4511 *fursten* 36. 4558 *fürst* 12. 44 *uber* 57 *wurd* 20 *wurden* 407 *zug* 4315 *sun* (= *siune*) 4317 *sune : wunen*.

II 852 *gewundet : gekündet* 1215 *gewunen* 1460 *wurde : burdi* 1521 *kundikeit*.

III 1661. 2494 *wurde* 1734 *kun = künne* 1883 *kur* 1932 *zugi* 1938. 2384 *fursten* 1966 *kung* 4022 *kungin* 2063

---

[1] Doch ist dieser Reim zweifelhaft.

bruken : *stuken* 2102 *ruken* 2272. 4151 *funf* 2468 *erwirb* : *sturb* 2776 *durlich* 2843. 2979 *fur* 2911 *furbas* 2997 *lutten* = *liute* 4235. 4228 *hult* 4236 *fultte* 3359 *furt* : *spurt*.

Eingedrungen ist der Umlaut z. B. Vers 4338. 4544. 4550 *stillen*. Daneben II 3143 *sullen*. III 3930 *stilen*. B schreibt auch III 4206 *genattüret*.

i für *ü* AG § 22 I Vers 134 *gewirket*.

ô für *ü* AG S. 29 I 4334 *fôrcht* -- ich *vürhte*.

ie für *ü* I 136 *wienschen*, es ist sonst nicht belegt; *ie* für *ü* entsprechend gemeindeutschem *iu* findet sich bei Konrad von Ammenhausen (Vetter, Neue Mittheilungen p. V). *tiefel* neben *tüfel*, beweist aber nur, dass die Hss. noch unterscheiden zwischen *ü* und *iu*.

üe für *ü* MhdGr. § 133. Es scheint mehr bairisch. BG S. 109 f. (AG § 75) I 174 *stiel* 4634 *stiellen* 262 *mtlege*. II 888. 890. 892 *stiellent*. III 2442. 3891 *mtlegent* 2860 *mtlegen* 2940 *mtlegens* 2860. 3156 *stiellen*.

2. Die Diphthonge.

ei. Nur Sprachformen des Schreibers zu erwähnen.

e für *ei* I 488 *enander* 427. 587 *zwenzig* AG § 17 S. 308. II 637 *fredikeit* daneben Vers 633 *freidikeit*. 1053. 1414 *zwenzig* 1456 *enander* 1492 *en* — *ein* III 1741 *ener*[1] 2436 *zwenzig* 3146 *zwen* AG § 36. MhdGr. § 63. Neben *beide* erscheint *bede* sehr oft I 319. 403. II 1429. 1456. 1501. III 2083. 2085. *gen* und *gein* neben *gegen* allgemein, z. B. 648. 945. 3497. 3529. 4293. 4415.

ai für *ei* I 138 *crais* (Hs. er *ais*) -- *kreize* plur.

ie für *ei* MhdGr. § 114 md. AG § 64 wird die Vermuthung als nahe liegend erklärt *ie* sei für *ei* nur verschrieben. I 253 *schied* 4290 *zwie* (Hs. *zwôe*; über die Bedeutung von *ô* siehe unter *w*) II 541 *bies* 664 *gebietten* : *arbeitten* 980. 1125. 1417 *zwie* III 1999 *giegny* — *geigne* == *gegene* (?) 2809 *iedem* = *eidem*. Hieher wohl auch 919. 1612 *zwielf* 4313 *zwielfften* AG S. 307. MhdGr. S. 294. Es scheint für *zweilf* zu stehen, das hauptsächlich md. ist, sich jedoch auch alem. findet. AG § 58. 99. 131. MhdGr. § 90.

---

[1] 3463 *ene* = *iene*.

oi für *ei* 140 *geloit — geleit — geleget* (wohl verschrieben).
Doch AG § 69. 100. 104. 138. Es ist besonders schwäbisch.

ie. Der Bearbeiter verwendet *ei* für *ie* im reime; so steht
Vers 248 *meit : scheid*, jenes für *miet* (: *schied*, wie 253 steht?)
In B findet sich dies sehr häufig; es scheint mehr md. als
alem. zu sein. Weinhold sagt AG § 59 (vgl. §§ 99. 131):
,besonders verbreitet und fest war dieses *ei* nicht‘. Damit ver-
gleiche man MhdGr. § 107 über diese Erscheinung.

I 381. 390 *scheire.* II 649 *enpfey : gie* 921 *meitten : gebietten*
1055 *hies : reis* 1219 *reitten* (oder — *redeten?*) 1247 *Kreischy* 1245
besleiff : brieff 1302. 1346 *breiff* 1309. 1354 *reimen* 1432 *kreichen.*
III 1631. 1663. 2710. 4048. 4069 *breiff* 1671. 1724. 2882.
3703 *scheir* oder *scheire* 1760 *geheissen* 1803 *heing : bevieng*
2080. 3072 *kreichschen* vgl. weitere Formen unter *i*. 2510. 2801.
2867. 2932. 3075. 3109. 3124 *kreichen* 2312. 2632 *reitten* 2759
bereitten 2543 *fleichen* 2558 *fleichent* 2657. 2678. 2722 *verheis*
3009 *hey* = *hie* 3220 *schreit* 3289 *enpfeingen* 3780 *enpeing.*
Ebenso zu fassen ist 3682 *enpfenig : gieng.*

Sonst findet sich in B *e* für *ie* III 1936. 3061 *krechen*
= *kriechen* 1972 *kregen* = *kriegen* 1937 *nemer* = *niemer* AG
§ 37. 122. MhdGr. § 63.

i für *ie*, es scheint md. zu sein. MhdGr. § 40. III 3215
krichen : siechen.

iu für *ie*; die Hs. schreibt *û*. III 3680 *gebût* 4043 *enbûttet*
1548 *flüchent* = *fliehent*, wohl nur verschrieben.

ie = *in.* 3724 *zwegen* = *twingen* beruht auf einem Mis-
verständnisse.

iu, Hs. *û*, wird durch *ie* vor allem in den Formen des
Artikels, durch *e* beim Adjectivum vertreten, in welchen von *iu*
keine Spur mehr zu finden. Vgl. AG § 63. MhdGr. S. 493.
— Vers 3275 *urlieges.*

ou wird in der Hs. *ô* oder *û* geschrieben (115 *ôch* 1069
bûm), *û* = *ouw* (96 *frû*), einmal *au* (Vers 113 *laugen : taugen*).
Der Bearbeiter bindet *ou* und *â*. Vers 1621 *ouch* (Hs. *ôch*) : *gâch*
(Hs. *goch*) AG § 42. 124. MhdGr. § 75. 78. 80. Es ist alem.
und noch mehr md. im Gebrauch. III Vers 2214 *rach : ouch*

3402 *darnach : ouch.* Ausserhalb des Reimes steht Vers 742 *undagen = untougen* AG § 34.

o für *ou* III 2891 *brutloff* 2922. 3985 *urlob* (doch vgl. MhdGr. § 43) AG S. 43.

ô für *ou* vgl. AG S. 46, doch ist es wohl nur verschrieben für *ô*. III Vers 3840 *lôgnest.*

u für *ou* III 4181 *dube = toube.*

öu. In B findet sich diese Form gar nicht. Wir bemerken Abneigung gegen den Umlaut. III 3701 *erfröwet* 3777 *fröte* 2235 *fröt* 2374 *frötte* vgl. AG § 71. 105. 139. Auch II 1043 *fröd = fröude* ist wohl nur für *fröd* verschrieben (vgl. jedoch AG S. 46).

ei für *öu* gehört dem Bearbeiter an; es ist wohl nur md. MhdGr. § 92. AG bietet nichts entsprechendes. 1504 *streit : mett* (l. *meit*). Die Stelle lautet:

> *die dotten er nider streit* (l. *ströut*),
> *als der ein gras nider mett* (l. *meit* trotz Gr. I²

neuer Abdruck 888)

Häufiger ist *üe* für *öu* AG § 75 I 114. 313 *trüeme* 147 *züegte* 486 *züeg* 422 *lüewe* 459. 496. 499. 4440. 4724 *früede* 4514 *früelichen.* II 649. 3401. 3775. 4106 *früed* 1074 *büem.* III 2299 *trüemen.*

ôe = öu = e II 549 *lôewen ... lewen* resp. *löuwen* AG § 72.

uo B schreibt *û.*

o für *uo* AG § 42. 124. MhdGr. § 75 II 1375 *swor : fuor* 1564 *swor.* III 2836 *swor* 3452. 3454 *wochsen.*

u für *uo* I 470 *stund ... stuont.* III 2088 *schuffen* wohl nur verschrieben.

üe. In B gegeben durch *üe,* selten durch *üe.* *ûe = wüe* (Vers 212).

Abneigung gegen den Umlaut lässt sich bemerken. AG § 75. 77. 109. 143. MhdGr. § 132. III 2250 *wüsten = wüesten* 2914 *benügte.*

u für *üe* II 642 *kuntlich = küenlich* misverstanden.

ü für *üe* II 674 *küner* (1279 *küene*) 830 *für = filer : swiler* 1301 *füren.* III 1731. 3697 *für* 2649 *füren* 3723 *fügen* 4028 *gemüte* (3215. 3874 *küener*).

ie für *üe* AG § 65 Vers 212. 272. 2682. *wiesti* 2225 *wiestest* 4124 *wiettende.*

Für *üje* erscheint *ie* (AG S. 356) I 263 *tîe*, und *uo* (AG S. 356) I 4606 *tuo : zuo.*

B. Consonantismus.

Vor allem zu bemerken, dass Gemination der Consonanten vollkommen bedeutungslos ist: B schreibt ohne Grund, nach langen und kurzen Vocalen, den Consonanten doppelt, so dass ich im Folgenden von dieser Erscheinung ganz absehen kann. Ferner ist hervorzuheben, dass die Schreibung der Consonanten in B zu wenig Consequenz verräth, als dass daraus viel Schlüsse gezogen werden könnten.

1. Die labialen Laute.

b. Mhd. *b* wird *p* I 4473 *prachtte = brâhte* 4509 *plix.* II 1515. 1522. 1526. 1540. 1542 *paner* 686 *pan.* III 3554. 3617 *lechpartten.*

b wird *bb* I 4730 *abbrellen.* II 1064 *abbe.*

Im Auslaute steht *b* und *p* für *b*, z. B. 4643 *wib : lip.*

Assimilation von *b* an *t* bei Synkope von *e* I 4687 *lopt* 4722 *leptte.* II 622 *lept* neben 555 *dobt.* III 3730 *lepte* 4151 *leptten* 3731 *streptte.*

b wird I im Inlaute zu *ff.* Vgl. AG § 161. Vers 18 *zouffer* gegenüber Vers 43. 158 *zouber.*

b wird *w* III 4203 *farw.*

Bemerkt sei schliesslich die Form *beben = phedeme* 3772, vgl. Lexer I 136.

p. Mhd. *p* wird *b.* I 4258 *bin = pin* 4491 *bracht* AG § 153. II 1205 *bortte* 1241 *bortten* gegenüber 1201 *porten.* III 3796 *balas* gegenüber 3801 *palas* 4153. 4165. 4168 *baradis* gegenüber 4224 *paradis.* Neben dem gewöhnlichen *porus* 3135. 3186. 3882 *borus* 3616 *banttier.*

pp wird im Auslaute vereinfacht. III 3732 *gesip.*

pf für *p* III 3556 *lampferden*, falsche Etymologie für *lampriden.*

f. Für mhd. *pf* steht 1. *p̸ff* I 4482 *pffallacz* gegenüber 4483 *pfallacz —*

2. *fp* I 4552 *schófpend.* II 739 *kofp* III 2471 *schinfp —*

3. *ff* III 3166 *kanff = kampf* 1692 *ranff —*

4. *p* III 4026 *peller* 3780 *enpeing.*

Ausgefallen ist *f* Vers 1835 *kétiges = kreftiges.*

w für *v* nur verschrieben Vers 4214 *wil = vil.*

w. Angefügt sei das Wenige von *w* zu Erwähnende. Es wird erhalten in den Formen II 636 *kniuwete* 1116 *sewes.* [1]

w fällt aus I 4510 *zifflung.* III 2970 *verziffelt.* 3105 *unbetungen = unbetwungen. —* In Vers 3165 *zen* für *zwen* misverstanden. Vers 3162 ist *zehen = zwen.*

b für *w* III 2276 *grabe = gráwe?* AG § 155. Vers 3372 *róber* misverstanden für *ruowe.*

Die Bedeutung des Zeichens *ŵ* als *wi* ergibt sich aus den Zusammenstellungen *betŵngen* Vers 22 *zŵsent* 4288. 2275. Doch hat es auch die Bedeutung von *iuw* oder *iw* 517. 921. 1099 *trŵ : rúwe* 667 *getrŵ* und von einfachem *ü* 1675 *sŵes : muos.* In Vers 830 ist *ŵ = wü swer : für. —* Neben *ŵ* findet sich auch *ú* in gleicher Bedeutung. Vers 3033 *zúen* = 2450 *zŵen.*

2. Die lingualen Laute.

d. Mhd. *d* wird im Anlaute zu *t.* I 68. 267. 531 *vertagen* 4698 *getagen* 141 *tiutnisse* 4376 *betiuttet* 487 *trat - drát.* II 608. 647 *vertagen* 1347 *betiutung* 1241 *trungen* gegenüber 1428 *drang.* III 1620 *taryo* u. s. o. 2476 *trungen* 2593 *törffte* 2735 *trat* gegenüber 3151 *drat.* Auch im Inlaute Vers 3995 *megte.*

Im Auslaute bleibt es meist. I z. B. 29 *ward* 46 *sneid* 55 *land* oder es wird zu *t* Vers 183 *hant* 10 *lant* etc.; ebenso in II und III.

Assimilation an *t* bei Synkope von *e:* I Vers 66 *rette redete;* dies *tt* kann im Auslaute verkürzt werden 131 *geret.* III 1679 *ret = redete.* Auch entgegengesetzte Assimilation I 162. 231. 4505 u. s. o. *wilttu* neben 509 *wiltu.* II 1528 *milstu.* III 2187 *wilttu.*

---

[1] Vers 1709 f. *kniue : nie so wé,* wohl die Form *knê* anzunehmen.

Epithese von *d* II Vers 1495 *ellend* für *ellen*. III Vers 3060
ellend rich 3236 *wald stat*, kann zwar als Volksetymologie ge-
fasst werden, jedoch steht sie parallel den Formen *mornent*,
wilent u. s. w. AG § 175.

t. Mhd. *t* wird im Anlaute zu *d*. AG S. 142 I Vers 175.
195 *düstu* 4312. 4325. 4361 etc. *datten* 263. 295. 336. 350.
4258. 4275. 4354 etc. *dot, dodes* 4720 *dreib* 4728 *underdenig*
4277 *drat.* II 1033 *dûn* 569 *dot* 555 *dobt* 896 *deillen* 1072.
1207 *dürnen* 1246 *diur* 1311 *deglich* 1008 *underdan* 1341 *dar.*
III 1686. 2944 u. s. o. *dût* 1688. 1703 *day* 1713 *dot* 1780.
2879 *dochtten* 1869. 3661 (vgl. AG S. 141 Anm.) *drost* 2110
dörlicher 2230 *darst* 2406 *drinket* gegenüber 2408 *trinket*
2634 *deding* 2776 *durlich* 3094 *dratten* 3400 *erdrat* 3395.
3574 *dier* 4181 *dube* _ *toube* 4210 *deil.*

t im Auslaute wird erweicht. I Vers 39 *sid* _ *sît.* III
2371 *sid.* Unter consonantischem Einflusse I 393 *erdbidem.*
III 3885 *endran.*

t fällt im Auslaute mitunter ab. Vgl. AG § 177 I Vers 405
gedach 4384 *erdach* 4477 *stach* 4378 *genan* (4297 *wil* _ *wilt*
kann als Dictatfehler gefasst werden). II Vers 1252 *gedach*
1354 *bedach* 1629 *hunder* 1497 *dank.* III Vers 3303 *bedek*
3430 *gedach* 3962 *duch.* — 3213 *rû* _ *rôt* 4208 *wol* _ *wolte.*

Im Innern ist *t* ausgefallen III Vers 3393 *môchen* 4023
wikhaffer.

Eingeschoben aus phonetischen Gründen erscheint *t*
Vers 642 *kuntlich* _ *kunlich.*

t wird auch angefügt: II Vers 1242 *bracht* _ *brach*, wohl
misverstanden. Anders zu fassen 75 *balaft* (Hs. *balaft*).

Es findet sich im Reim II Vers 1008 f. *underdan : sant*,
was einem Alemannen zuzutrauen wäre AG § 177; doch dürfte
zwischen den beiden Versen eine Lücke anzunehmen sein.
Vers 1060 f. *versankt : ertrank.* 1532 f. *stach : brâht*, wahrschein-
lich *stach : geschach* zu lesen. III 4029 f. *angesicht : frôlich*, was
fraglich ist. Vers 3959 f. *Kratter : swert.*

g für *t* misverstanden 3037 *helfang* (Volksetymologie?).
dt findet sich einmal II Vers 1363 *mondt.*

Die grösste Verwirrung ist in den *s*-Lauten eingetreten. Ich verzeichne folgende Schreibungen:

Mhd. *s* erscheint in B als *s* und *ſ*; es wird aber auch *ſſ* oder *ss*: I Vers 500 *wiſſe* = *wîſe* 516 *diſſer* 4369. 4381 *diſſe*. II Vers 1096 *geſſeſe* 543 *eſſel* 578 *weſſen* etc. III Vers 3659 *geſſeſen*. ·

ſch für *s* II Vers 825 *geſchendet* = *geſendet* misverstanden. III Vers 1951 *ſchol*.

r für *s* III Vers 2323 *gefriuret*.

s ist abgefallen II Vers 1619 *ſech*. 814 *zins* steht für *zinses*. Hinzugesetzt ist *s* II Vers 573 *mônſchs*.

Für *s* erscheint éinmal *h*: III Vers 3616 *hechſzig*.

z wird wiedergegeben: 1. durch *z* I Vers 316 *ſaz* gegenüber 338 *ſas*) —

2. durch *s*. Auch im Reime, also in der Sprache des Bearbeiters, sind *s* und *z* nicht von einander verschieden. Es reimt z. B. Vers 71 f. *was* : *daz* (*dz* geschrieben). Vers 1498 f. *saz* : *was*. Es findet sich dieser Reim auch sonst in alem. Gedichten vgl. AG § 188. Steinmeyer Altd. Stud. S. 83. Paul Zimmermann Schachgedicht S. 17. Zacher's Zs. für d. Philol. 6, 253. Zs. 16, 218. 220. DHB IV vii. V xvi. xxxix.

ſ und *s* = *z*. I Vers 250 *grof* 367 *dis* — *weis* 336 *was* (dafür findet sich die Schreibung *wz*, was aber auch für *was* stehen kann. *dz* gilt für *daz*). II Vers 541 *bies* 584 *uſ*. III Vers 1131 *hies* —

3. durch *ss*. I Vers 254. 325. 396. 4326. 4327. *groſſer* II Vers 558 *heiſſen*. III Vers 3188 *kreiſſe* 3209 *überſaſſen* 3405 *oſſen* = *âzen*.

zz wird: 1. *s* geschrieben. I Vers 249 *wiſe* 4557 *eſen* = *ezzen*. III Vers 3659 *geseſſen* = *geseʒʒen* —

2. *ss* und *ſſ*. I Vers 4538 *wiſſen*. II Vers 1422 *waſſer*. III Vers 2425 *waſſer*.

ſch erscheint: 1. als *s* oder *ſ*. I Vers 4288 *zwiſent*. 4354 *miienſlich* 4446 *miſt* 4499 *erfrokenem* 403. 4105 *wunste* AG § 154. 190. MhdGr. § 188. II Vers 833 *ſand* = *ſchand* —

2. als *ss* oder *ff*. I Vers 4450. 4461 *tiff* = *tifch*. III Vers 3200 *zwiffen* —

3. als *chf*. I Vers 4492 *lachf* = *lafch*. II Vers 710 *tichfe* 1499 *frichflich* 1234 *kriechf*. III Vers 3553 *fichf* —

4. als *fc*. I Vers 536 *gefcrift* —

5. als *fch*. Vers 3420 *fwowen* für *fchouwen* ist nur verschrieben.

Noch ist zu erwähnen Vers 3176 *gewafchfen*   *gewachfen* und Vers 2450 *weffen* ... *weffen*.

z wird auch *cz* geschrieben. I Vers 499 *ganczer* 4406 *holcz*. Dieselbe Schreibung für *tz* Vers 387 *sicz* 4463 *siczen*. — *x* für *cz* Vers 4596 *plix*.

ch für *z* Vers 337 *kurchlich*.

Für *tw* erscheint *zw*. III Vers 3375 *zwang* 3724 *zwegen* = *twingen*.

3. Die gutturalen Laute.

g erscheint als *ch* III 2448 *fliechen*   *vliegen* auch im Reime Vers 2158 *geiaget* : *vachet* 4213 *wag* : *ungemach*. — Abgefallen ist es im Anlaut 4117 *og* = *Gog*. — *d* = *g* verschrieben. III Vers 3543 *meid* = *neig*. — Im Auslaute wird es *k* oder bleibt erhalten. — Ausgefallen ist *g* Vers 1169 *berffrid* neben 1081 *bergfrid*.

k wird durch *g* ersetzt. Im Auslaute I Vers 4404. 4413 *trang* neben 4421 *trank* III Vers 3559 *dang* : *lang*. — Im Inlaute II Vers 758 *linge* alem. gewöhnlich *lingge* Vetter Neue Mittheilungen p. VII doch auch *linge* Griesb. pred. 1, 11. — Vers 1116 *sangten*. — *k* fällt aus II Vers 849. 864 *margroff*.

ch für *k* I Vers 4703 *kranch* : *lang*. III 2990 *mach* = *mac*. auch im Reime Vers 3890 *gesmak* : *brach*.

g für *ck* III Vers 3531 *glogen*.

tt für *ct* I Vers 8 *nettanibo*.

q Vers 2848 *qellen*.

ch erscheint als *k*. I Vers 234. 243. 320 *traken*. — Als *gk* I Vers 293 *tragk*. — Als *h* I Vers 151. 168 *zeihen*. III Vers 3188 *sah*.

ch fällt ab II Vers 986 *dur* = *durch.* Auch im Reime Vers 1073 *ná* : *dâ.* III Vers 3820 *hôch* : *dô.*

ch eingeschoben: II Vers 553 *lechbart* : *lêbart.* III Vers 3554. 3617 *lechpartten* 3289 *fröchlich.*

h durch *ch* vertreten. I Vers 179 *sichst* 180 *hoche* 4623 *sochen* neben 4625 *sahen* . . . *sach.*

h fällt aus vor *t.* I Vers 4515. 4613 *nit* : *geschicht* 4527 *geschit* : *nicht.* — B hat folgende Formen für *niht* : *niut* (Hs. *nût*), z. B. Vers 94 *nicht* Vers 91 *nit* Vers 96 *nich* Vers 417; im Reim steht 566 f. *liut* : *niut* 1018 f. *wicht* : *nicht.* — Vers 351 *geschit.* II Vers 620 *niht* : *sit.* III Vers 3301 *niut* : *sicht.*

h fällt aus nach *l.* I Vers 4634 *bevollen* 4643 *enpfollen* 4429 *empfal* 4644 *enpfil.* II Vers 1096 *bevall.* III Vers 4175 *weler.* Auffallender Weise steht Vers 2900 *her* für *er.*

j wird durch *g* ersetzt. I Vers 44 *vigent* ebenso II Vers 873. III Vers 2798 *milegen* - *milejen.*

i für *j.* II Vers 1268 *veriagte* 991 *verheriet.*

jh ohne Bedeutung in *jhehen* I Vers 331. 395. 478. 509. II Vers 1528. III Vers 3792.

x als *gs* in Vers 4512 *rogsan.*

4. Die liquiden Laute.

ll erscheint vereinfacht I Vers 188 *bilich.* — *n* steht für *l* III Vers 3633 *manit.* — Ausgefallen ist *l* Vers 3678 *kage* = *klage.*

r wird verdoppelt. I Vers 4595 *donrr* 4280 *serr* 170 *merr* -- *mære.* AG § 198.

r springt um. AG § 197. I Vers 163. 411 *brütlich* — *bürtlich* 393 *dornblik* 4395 *verlonr* 4697 *sirn* = *sînr.* II Vers 962 *bruk* *burc.*

r fällt aus. I Vers 495 *truenklichen* 441 *turet* AG. S. 166. Auch wird es abgeworfen. III 3291 *me* — *mære,* also misverstanden. 3555 *gespenget.*

r wurde eingeschoben in dem Namen *burzival* vgl. AG S. 166.

Zwischen r und n tritt e als Svarabhakti ein. 3484 *geren*.
rr wird *r*. I Vers 383 *dire*. II Vers 599 *veriret*. 623 *türe*
813 *dire*.

m durch n vertreten, auch *m* auf *n* gereimt; beides überaus
häufig. Vgl. AG § 203. I 31 *hein*. Ebenso II 588. III 3235.
Im Reim 237 *gaden : schaden*. 4430 *heinlich* 4586 *cleopatran*
261. 381. 4509. 4510 *kunt*. Ebenso II 610. III 2016. I 4455
allesant : hant. II 696 *undertan : kan* 614 *vernan : kan*. III 2010
gran : man 1818 *began : lobesam* 2724. 3353. 3636. 4083. 4633
dan : kan 2320. 2522. 2558. 2568 *kan : man* 3341 *num(e) : an*
3277 *ruom : getuon* 3889 *gaden*. — 1692 *ranff   ramph* 3166
kanff ∹ kampf.

n wird durch m ersetzt. AG § 168. Vers 3799 *bodem*
3210 *machen   nähen*, jedesfalls misverstanden, ebenso 3672.
3712 *nemen ∹ nennen* (was freilich auch anders gefasst werden
kann) und 3543 *meid   neig*.
    nn für *n*. 4678 *anne ∹ âne* (4712 *an* 4720 *on*) 4386
wenne — wæne 4466 *gernne* etc. 1376 *inn*.
    r für *n* nur verschrieben. Vers 1278 *endrar* 1489 *herer*
 ∙ *herren*.
    n eingeschoben AG S. 267. II Vers 577. 1530 *gewaltenklich*
1051 *vestenklich* 1374 *zornenklich*. III 3201 *gewaltenklichen* 3687
4030 *wunenklich* 4184 *züchtenklich*.
    en : e erscheint gereimt. 610 *nache : gevachen* 3039 *hertte :
wertten* 3143 *bringen : gedinge* 3167 *hende : wenden* 2760 *liessen :
verhiesse* (vgl. auch 4012 *her : wern*). — 2093 *da : gewan* ist in
dan zu bessern. 2019 *zuo : tuon*. Höchst auffallend ist Vers 2766
kam : daryum, doch werden die Namen sehr frei behandelt.
    nn wird vereinfacht. I Vers 276 *geminet* 371 f. *sinen :
gewinen* und so noch oft. Dagegen 3642 Hs. *gerant* (: *hāt*).
    nn steht für *nd*. Vers 145 *monne* AG § 204. Daneben
Vers 4324 *man*.

Aus dem Vorstehenden hat sich ergeben, dass einzelne
Spuren des Md. sich besonders in den Reimen, also der Sprache
des Bearbeiters erkennen lassen, obwohl auch er, wie durchweg

der Schreiber alemannische Formen braucht. Auch war zu
ersehen, dass Schreiber und Ueberarbeiter nicht éine Person
waren.

Flexion in B.

Schliesslich sei noch erwähnt, dass auch die Flexion den
alemannischen Charakter der Sprache nicht verläugnet.

A. Conjugation.

B zeigt die grösste Vorliebe für die Endung *ent*.[1] Sie
erscheint 1. in der ersten Person pl. ind. ps. (AG S. 337)
II 888 *wir süellent*. III 2442 *mülegent* 2898 *söllent* —

2. in der zweiten Person pl. ind. ps. AG S. 337 f.
I 529 *hand* – *habet* (ebenso 4332) 4629 *mögent*. II 664 *söllent*
680. 720 *wellent* 716 *land* – *lât* 812 *dünt* 882 *hörent* 1206
tünd. III 2865 *sind* 2936 *wellent* 2944 *dünt : müt* 3952 *wellend*
4019 *söllent*. Auch im Imperativ dieser Person. I 92 *gand*
93 *siczent*.[2] III 1860 *hand* — *habet* 1973. 1986 *sind* = *sit*
2286 *vernement* 2076 *werent* 4071 *wissent* 3095 *rechent* —

3. in der dritten Person pl. ind. pt. I 336 *warent*. II
1056. 1125 *wurdent* 1173 *brachent*. III 1732. 3217 *wurdent*
1785. 1884. 1885 *warent* 2163 *wichent*. AG S. 344 —

4. in der dritten Person pl. conj. ps. und pt. I 4554
süllent. III 3108 *werent* 3190 *hettent*. AG S. 341. 346.

In der 2. pl. findet sich die Endung *en*. AG S. 338.
I 124 *sehen* 123 *meinen*. Imperativ 3087 *wagen*. II 1213 *bedenken*.
III 2750 *werden* 2951 *sagen* 1769 *söllen* 2863 *süllen* 3316 *wissen*
3939 *vechtten* 3948 *getriuwen* 4225 *weren* 4226 *sacztten*. Impe-
rativ 3015 *bereitten* 3958 *geben*.

Die Endung *en* erscheint auch in der ersten Person sg.
ind. ps. AG S. 334. III 2291. 2294 *ich schaffen* 2707 *erbeitten*.

Zu erwähnen sind noch folgende Formen: Erste Person
sg. conj. ps. III 1926 *sig*. Zweite Person conj. I 85 *sigest* AG
S. 351. pt. ind. 3882 *slüegt* 2402 *stelli. (furatus es.)* imper.

---

[1] Das *t* wird auch zu *d* erweicht. AG S. 338.
[2] Kommt in I nur zweimal vor, weil sich die Personen duzen, nur im An-
fange der Bekanntschaft irzen sich die Königin und Nectanabeus.

2594 *gibe* 2698 *kum*. Dritte Person sg. pt. I 97 *hie*. III 2236 *lie* : 2237 *lies*. I 104 *antwurt* 2417 *wist*. I 3068 *diuch*. III 2248. 2692 *möch* 3111 *moch* 2259 *gedach*. — III 1871 *zerhiuwe*. II 1220 *sant*. Zweite Person pl. III 1985 *rüemen* ' *rûmet*. Participium pt. I 134 *gewirket* = *geworht*. AG S. 388. III 3797 *gebuwen* 3809 *enpflegen* 2380 *gemach*. II 991 *verheriet*.

Alle diese Formen gehören nur dem Bearbeiter an, sie finden sich nicht im Reime.

Einige Erscheinungen der Conjugation mussten schon im vorigen Abschnitte behandelt werden.

B. Declination.

Es erscheinen Parallelformen: I 3039 *miullen* 3046 *miulleren* dat. pl. von *mûl*. 130 *götte* (130 Dat. *götten*). Schwach ist der Gen. pl. 39 *liutten*. Nom. 418 *ellimenten*. II 572 *götter* 1072 *dürnen* 1149. 1251 *türn* 1207 *durn* 1074 *büem* 1080 *bûm* 1082 *bumen*. — pl. 1185 *geren* von *gêr* 1165 *gern*. III 2410 *sittens*. 2457 *schadens* 3588 *lebens*. — Gen. pl. 2997 *lutten*. — Dat. pl. 3418 *boumen* (3449 *boume*). — 3609 *götte*.

Schwache Adjectivform erscheint bei fehlendem Artikel. 194 *in rechtten mos* (vgl. Lautstand).

Ueber Synkope und Apokope des *e* wurde schon gesprochen.

Hervorzuheben ist noch die Bildung des jüngsten Possessivpronomens, welches sich neben der ursprünglichen Form des Genetivs in allen Partien des Gedichtes gleichmässig findet: II 1015. 1201 *iren* 1549 *ire*. III 3181 *ir manlicher kraft* 3605 f. *ir botten* (Nom.), *ir gabe* (Acc.). 3782 *ir sun* (Acc.). 3998 *ire* 3207 *jren* 3262 *von irem land* vgl. 3777. 3778. 3845. *irs* 4057 *irer* 3559 *irem* 3890 *iren* 4003 *mit iren henden* 3981.

Erwähnt sei ferner die Form I 4569. II 980. 1012. III 3559. 3739 *inen*.

2197 *zû dir geschicht*.

IV. Capitel.

Die Quellen.

Ueber diesen Punkt handelte Dr. Harczyk im zweiten Theile seines Aufsatzes S. 146—173, ohne aber den Gegenstand zu erschöpfen; ja man muss sogar sagen, in unbefriedigender Weise. Er vermochte es nicht, die Untersuchung systematisch zu führen; z. B. sagt er S. 164 wörtlich: ‚Vers 4609 bis 4736 (W) Alexander komt in das Land Occidratis. In dieser Partie finden wir ganz merkwürdige Uebereinstimmungen mit dem Lib. [= Hdp], auch in kleinen Zügen‘. Nun vergleicht er Vers 4626 ff. *ir vihe unde ir wib, di sint von in gescheiden an die breiten heiden*. Lib. *Filii vero et uxores eorum separati sunt ab illis cum animalibus*. Es heisst aber im PsK III 5 ausdrücklich: ἔξωθεν δὲ αὐτῶν μακρὰν ἀπὸ διαστήματος πολλοῦ εἶε τὰς γυναῖκας καὶ τὰ παιδία αὐτῶν ὡς ποίμνια προβάτων νεμομένας und bei JV 3, 5 *Eorum filii conjugesque pascendis pecudibus occupantur* und Ekkehard liest genau ebenso wie die Hdp. Auch die andere Parallele, für die Harczyk selbst zugleich den PsK anführt, beweist mehr für eine nähere Verwandtschaft von M und dem Lib. Doch ist auf einem solchen Wege nicht viel Heil für die Frage zu erwarten.

Freilich bietet die Erschöpfung des Gegenstandes ihre grossen Schwierigkeiten, denn die Untersuchung über die antiken Quellen der Alexandersage ist kaum erst begonnen. Wichtige Darstellungen liegen noch nicht in brauchbarer Gestalt vor, während anderes bis jetzt nur in den Hss. und alten, meist sehr verderbten Drucken zu benutzen ist. Daher muss auch ich mich darauf beschränken, das Einschneidendste und Entscheidendste zu erwähnen, um doch wenigstens eine Sonderung im Grossen und Ganzen vorzunehmen. Dabei müssen drei Theile unterschieden werden: ich behandle I. die bei Lambrecht fehlende, von seiner französischen Quelle mit Absicht zurückgewiesene Vorgeschichte, II. den historisch strengeren Theil, der von VMB gemeinsam überliefert ist, III. die mehr sagenhafte Darstellung von Alexanders Zügen, welche in V nicht mehr erhalten ist.

Ich benutze den PsK und JV in Müllers, die Epitome in Zachers Ausgabe, für die Hdp bin ich auf einen Strassburger Druck von 1494 angewiesen, den mir Herr Geheimrath Professor Müllenhoff aus seiner Bibliothek in liebenswürdiger Weise lieh. Es hätte nahe gelegen, die von Harczyk in einer Abschrift Schmeller's benutzte Münchner Hs. (Cod. lat. nr. 23489) selbst einzusehen, doch hatte Herr Professor J. Zacher die Freundlichkeit, mir mitzutheilen:[1] ,Mit dieser Hs. allein können Sie wenig mehr als gar nichts anfangen. Zwar hat sie noch nicht die massenhaften Interpolationen, an denen alle Strassburger und niederländischen Drucke leiden, aber einen unverfälschten Text bietet sie keinesweges. Wie sehr sie in den vorderen Theilen entstellt sei, wird sich erst bei Kenntnis und Vergleichung echterer Texte klar und sicher herausstellen. Dass sie gegen Ende so confus und verderbt ist, dass sie für diesen Theil unbrauchbar wird, sieht jeder Kenner auf den ersten Blick'. Nach einer solchen Charakteristik durch den Einzigen, der sich in Deutschland eingehend mit den Alexandersagen beschäftigte und seit Langem eine kritische Ausgabe der Hdp vorbereitete, vergieng mir die Lust, den langen Weg zur Erlangung der Hs. zu betreten und ich begnüge mich mit dem Drucke von 1494, da offenbar auch dem Pfaffen Lambrecht oder seinem französischen Gewährsmanne eine kritische Ausgabe der Historia noch nicht vorlag.

I. Die Vorgeschichte in B.

In allen mir bekannten Darstellungen findet sich die Sage, dass Alexander nicht würklich Philipps Sohn gewesen, sondern dass er von einem ägyptischen Gotte, beziehungsweise Zauberer abstamme.

> *Nû sprechent lôse lugenâre*
> *daz er eines goukelâres sun wâre.*
> *die ez imer gesagent,*
> *die liegent alsô bôse zagen,*
> *oder di es î gedâhten* (V 185, 6 ff. M 83 ff.)

---

[1] In einem Briefe vom 30. December 1877. Damit vergleiche man, was er 1867 im Pseudocallisthenes S. 132 sagte.

und B schliesst sich der grossen Masse in diesem Punkte voll-
kommen an.

Wenn man bedenkt, dass sich der Basler Alexander in
einer Basler Chronik vorfindet, so liegt die Vermuthung nahe,
Ekkehardus Uraugiensis (EU), welcher zu Anfang des zwölften
Jahrhunderts in Bamberg seiner lateinischen Weltchronik einen
grossen Auszug aus Leos Werk einfügte,[1] habe dem Basler
Bearbeiter einer Weltchronik vorgelegen; denn auch B zog in
seine Darstellung ein selbständiges Buch herein, wie sich aus
dem Schlusse ergibt. Für die Benutzung Ekkehards durch B
scheint éin Umstand zu sprechen.

Wie schon oben S. 55 erwähnt ist, findet sich Blatt 21ᵃ. 1
von B eine Hindeutung auf die Geschichte Alexanders, bevor
die eigentliche Erzählung beginnt. Sie lautet: *jn der con-
sul zitten ward der gros allexander von meczydonj
pilipes sun* [sc. *geborn*].[2] *der zerfuortte daz rich der persar
und den jungen küng darjum; des tochter raxam er sider nam.*
5 *also zergieng daz rich der persar und kan uf daz rich der
kriechen.*

*Alexander stiffte in egipto allexandry die grosi
stat und do er die welt enhalb mers in zwelff joren alle
betungen hat, do wart im von sinem schenken vergeben*
10 *und [er][3] starb mit aller kriechen grosser klag. von allexanders
her komen die sachsen und die swoben. do allexander dot was,
sin her ward in vier her geteilt und in iiij künker* [21ᵃ. 2]
*rich. die zerfuortten es mit mangem strit. von dem her ward
anithyohus von anthyoha. der zerfuortte jherusalem und beroubt den*
15 *tenpel. dar umb sluog got[4] wider in urliug [mit] judas machabeus
und sin bruoder jonachas und sin bruoder simon und ouch mit
mettryo und mit allexandro dem jungen als lang, uncz ir aller
rich in der ræmer gewallt komen. der disse mer also welt[5]
wissen, der lesse den grossen allexander oder daz buoch*
20 *der machabeis etc.*

---

[1] Zacher, Pseudocallisthenes S. 110.
[2] 3 *geborn]* fehlt Hs.
[3] 10 *er]* fehlt Hs. — Vgl M Vers 7271 *do wart ime uergeben.*
[4] 15—18 so die Hs. 15 *got]* Hs. *gôt. mit]* fehlt Hs.
[5] 18 Hs. *wêlt.*

In ähnlicher Weise leitet Ekkehardus seine Geschichte ein; es finden sich dabei folgende directe Parallelen:

Zu Z. 2 vgl. EU 60, 46 [1] *Quibus etiam diebus* [2] *Alexander Magnus . . . natus est.*

Zu Z. 5 f. vgl. 61, 66 f. *Persarumque regnum Alexandriam translatum est, ubi regnatum est per annos ducentos nonaginta sex. Quod regnum alii Grecorum, alii Aegyptiorum nominant regnum.*

Zu Z. 7 vgl. 61, 58 *Alexandriamque in Aegypto condidit.*

Zu Z. 8 f. vgl. 62, 1 f. [3] *Duodecim quippe annis trementem sub se orbem ferro pressit* . . . . (62, 6) *ministri sui insidiis venenum bibit et interiit.*

Zu Z. 11 f. vgl. 62, 6 f. *Quo mortuo, Macedonum duces diversas sortiti provincias* . . . . *mutuis se bellis consumpserunt.*

Zu Z. 18 f. vgl. 62, 9 ff. *Sed quia idem Alexander multa mire peregisse legitur, quae scire multi delectantur, libet de vita eius aliqua summatim decerpere, quibus delectationi querentium utcumque valeam satisfacere.* Und darauf folgt erst *Excerptum de vita Alexandri Magni.*

Aber schon aus dieser Probe ergibt sich, dass die Unterschiede trotzdem noch sehr bedeutend sind, umsomehr als sich bei Ekkehard die Erzählung direct an die Einleitung anschliesst, während in B ein langer Bericht über die Vorgänge in Rom zwischengeschoben ist.

Und auch sonst gibt es Discrepanzen genug in grossen Hauptzügen wie in kleinen Detailausmalungen, so dass an eine Benutzung des Ekkehard nicht gedacht werden kann, vielmehr sind die Uebereinstimmungen auf die gemeinsame Quelle der Sagen zurückzuführen.

Während zum Beispiele B Vers 14 ff. (mit gereinigtem Texte) und EU 62, 15 f. sich gegen Hdp stellen:

B *er gie in sîn kamer ein*	EU *sed palatium intrans apprehendit • concham aeream,*
und saczte für sich ein bekelîn,	
regenwazzer gôz er darin	*implevitque eam aqua pluviali*

---

[1] Mon. Germ. hist. VIII Scriptores VI.

[2] *Anno ab Urbe cond. 365 . . . dignitates in urbe mutatae sunt, et pro consulibus . . . tribuni militares esse coeperunt.*

[3] Vgl. 61, 65 f. *et totus oriens in potestatem Macedonici cessit imperii.*

— in den Hdp dagegen lautet der entsprechende Satz: *sed intrauit cubiculum* [B *kamer*] *palacij sui et deprendens concham eream plenam aqua pluuiali* (bei PsK I 1 heisst es ähnlich, doch fehlt éin Zug: ἀλλὰ τιθεὶς λεκάνην ἐποίει λεκανομαντείαν, καὶ τιθεὶς ὕδωρ πηγαῖον εἰς τὴν λεκάνην .. JV 1, 1 weicht vollständig ab, er sagt: *quin potius ingressus aulae penetralia regiaeque secreta, ibi se solitarium abdebat, invecta secum pelvi. Quam dum ex fonte limpidissimo impleret, ...*) — während also hier Ekkehard sehr wohl der Gewährsmann von B sein könnte, ist dies in anderen Punkten total unmöglich. Bei EU fehlt z. B. die ganze Scene B Vers 29 ff. er sagt 62, 17 *Cumque regnaret annis decem et octo, nunciatum est sibi, multas gentes adversus eum convenisse. Qui, remotis a se omnibus, palatium intrans, et solito more ....* Dies entspricht den Versen 25 ff. *dô kômen im mære, daz der küng persarum wære komen în in sîn lant, und in roubt und brant* und 41 ff. *ze der rede sweig er dô, in sîni kamer gieng er dô* ... das was zwischen Vers 29 und 41 steht, hat keine Parallele bei ihm, während Hdp gerade hier bis in Sentenzen stimmt, wie B 39 f.

> *der liute menge ist selten guot,*
> *si haben denn vereinten muot*

und Hdp *Uirtus enim non hec valet in multitudine populi, sed in fortitudine animorum,* was dann durch ein Beispiel aus der Thierwelt erläutert wird, das in B fehlt. Hdp schliesst sich an PsK an. I 2 οὐ γὰρ ἐν ὄχλῳ ἡ δύναμις, ἀλλ᾿ ἐν προθυμίᾳ ὁ πόλεμος· καὶ γὰρ εἷς λέων πολλὰς ἐλάφους ἐθηρεύσατο, JV bietet nichts dem Entsprechendes (D 1ᵇ wie Hdp).

B 46 ff.	Hdp	EU 62, 19.
ab sneid er sîn hôr zehant,	*Statimque mutato habitu*	*statimque rasit sibi caput et barbam,*
er verwandlet sîn gestalt.	*radens sibi caput et barbam.*	*ut transfiguraret se,*
sînen schrîn hiez er füllen balt	*et tulit aurum*	*tollensque aurum*
mit schatz und mit golde,		
als erz denn haben wolde,	*quantumcunque portare potuit,*	*quantum potuit [voluit andere codd.],*

B	Hdp	EU
dâ mit wolt er sich fristen	et quecunque erant sibi necessaria	
ze andren sinen listen.	ad astrologiam et ad artes magicas exercendas	
hiemit rûmet er die veste sîn	fugit prope Pelusium de egypto.	
und kam zuo der stat Belusin.		
dâ nâch z' Ethyopi in daz lant.	Denique veniens Ethiopiam	
an leit er wîz lînîn gewant ..	induit linea vestimenta	induit se lineis vestibus ..

Dazu vgl. man die Darstellung des PsK I 3, welcher sagt:
... ἐγκολπωσάμενος χρυσίον πολὺ καὶ ξυρησάμενος τὴν κεφαλὴν καὶ τὸν πώγωνα αὐτοῦ καὶ μεταμορφώσας ἑαυτὸν ἐν ἑτέρῳ σχήματι, ἔφυγεν διὰ τοῦ Πηλουσίου καὶ ἀποπλεύσας παραγίνεται εἰς Πέλλην ... Ferner die wenigen Worte JV 1, 3 *Mox autem, raso capite et barba, collectisque omnibus quae sibi erant pretiosarum opum, appulit Macedoniae. Ibique amictus veste linea ...*

Seine Nachrichten kann B in diesem Punkte nicht aus der Chronik des Ekkehard, noch aus dem PsK, noch aus dem JV geschöpft haben, sondern muss einer der Hdp entsprechenden Darstellung gefolgt sein.

Wieder gleichsam gekreuzt ist das Verhältnis Vers 69 ff., wo in B überliefert:

B	EU 62, 21 ff.	Hdp
Dâ kam ez zuo den zîten,	Cumque ibi moraretur usque ad tempora regis Philippi, quodam tempore illo exeunte ad proelium,	
daz kúng philip wolte rîten,		Interea Philippus
der des landes ein herre was		rex Macedonie

B	EU	Hdp
(durch urliuge fuogt sich daz).		*abiit in prelium.*
vnde dâ er gereit,		
Nectanibus niht ver- meid :		*Anectanabus autem*
vf den balast gie er durch schou- wen	*Nectanebus venit ad palatium*	*ascendens palacium ut*
Olimpia die schüe- ni frouwen,		*reginam Olimpiam conspiceret et videret pulchri- tudinem eius.*
diu dâ künginne was, als ich von ir ge- schriben las.		
ze hant als er sie sach,		*Hic cum videt eam*
ir minne schoz in sêre stach :		*iaculatum est cor eius*
daz sich von ir minne verkêrten sîne sinne.		*in concupiscentiam eius eversit,*
gên ir huob er ûf sîn hant,		*extendensque manum suam*
mit sînem gruoz ward si ermant.	*salutansque reginam Olimpiadem,*	*salutauit eam*
er sprach ,gegrüezest sîst dû mit sinne		*dicens ,Aue*
Macidonie hêre kün- ginne'.		*regina Macedonie',*
er wolt niht sprechen ,frouwe mîn' :		*dedignatus ei dicere ,domina'.*
daz muotte enteil die küngin.		

Klar ist, dass B eine nur wenig freie Uebersetzung von Hdp darbietet und der erste in Hdp mangelnde unbedeutende Zug ist wohl für die ursprüngliche Fassung des Archipresbyter Leo zu reclamieren.

Es liessen sich noch viele Beweise dafür vorbringen, dass die Darstellung in B nur auf die Hdp zurückgehen könne; sie folgt ihr jedoch nicht sklavisch. Manches fehlt in B, was Leo ausführlich darstellt. So gleich zu Anfang die Aufzählung der herannahenden Völkerschaften, von denen auch Ekkehard nichts berichtet. Wie dieser bringt B nichts Näheres über die *incantatio*, gegen die Autorität der Hdp; nichts von den Zuständen in Aegypten, nachdem der König so plötzlich verschwunden war.

Dagegen fügt B ein oder das andere Detail hinzu, so wenn z. B. Vers 96 ff. erzählt wird:

> *diu frouwe ir zucht nit vergaz:*
> *si hie im schenken iren wîn*
> *in einen kopf guldîn.*
> *der durst in nit vil sêre twang:*
> *ez stuont anders sîn gedank.*

Oder Vers 175 f. *duostû mir daz kunt: daz dunket mich ein spæcher funt.* Während solche Ausmalungen Eigenthum von *B zu sein scheinen, ist dagegen Anderes, was B abweichend von der Hdp enthält, in anderen Darstellungen erhalten; z. B. in der Beschreibung des Gottes Ammon (Vers 193—198) stimmt Vers 193 *er ist ze jung, noch ze alt* mit der Hdp *neque iuuenis neque senex*, wenn B dagegen fortfährt: *in rehter môs gestalt,* so findet sich eine Parallele zwar nicht bei Leo, wohl aber in der Verdeutschung des Euseb: *er hat ein mittel gsetalt,* und in D — Ekkehard 62, 28 sagt: *in media aetate consistit* — und für Vers 195 f. *er hât an der stirne sîn zwê horn widrîn* ist nur PsK I 4 κέρατα ἔχων ἐκ τοῦ μετώπου πεφυκότα und Ekk. 62, 29 *habens . . . in fronte cornua,* ferner D 2ᶜ *het an dê hewpte herner alz ein stechir* heranzuziehen. Mit der Ansicht, dass Ammons Bart sei *gestalt als einem kitzîn* steht B ganz allein. [1]

Schon aus dem bisher Gesagten gieng klar hervor, dass die Untersuchung keineswegs einfach ist, doch hat dies nur darin seinen Grund, dass man nicht jene Textesgestalt der Hdp benutzen kann, die dem Bearbeiter vorgelegen haben muss. Denn ein Verfahren, wie man es nach meinen Ausführungen anzunehmen hätte, ist undenkbar; eine Compilation

---

[1] Hdp *et barbam canis habens ornatam* D 2ᶜ *vnnd hot einen hundes balg wol gecsyrth* Berger XIII 2, 294 *et barbes aornee de chaenes.*

in der Weise, dass bald aus diesem, bald aus jenem Werke
ein kleiner Zug herübergenommen würde, hat gerade so
viel Wahrscheinlichkeit, als dass der Bearbeiter von *B
griechisch verstanden habe, was auch vorausgesetzt werden
müsste.

So viel ist aber trotzdem als sicheres Resultat der im
Einzelnen geführten Untersuchung hinzustellen, dass die Ein-
leitung von *B in allen Hauptsachen, in Anordnung und Grup-
pierung des Thatsächlichen, und in einer grossen Reihe von
Einzelheiten genau zur Hdp stimmt. Bei allen anderen Stellen
ist die Frage aufzuwerfen, ob an der Abweichung nicht viel
eher die Ueberlieferung der Hdp als die selbständige Thätig-
keit des deutschen Bearbeiters Schuld trägt. Und die Frage
wird von einer kritischen Ausgabe der Hdp gewiss mit Ja
beantwortet werden.

Die Uebereinstimmungen zwischen *B und dem Werke
des Archipresbyters Leo sind viel grösser als die zwischen *B
und irgend einer anderen Fassung der Alexandersage. Es
lässt sich nicht éine grössere Scene finden, die bei Leo nicht
in demselben Zusammenhange stünde wie bei *B, während man
bei JV, bei Ekkehard, bei der Epitome Seite für Seite auf die
klaffendsten Discrepanzen stösst, und vom PsK kann als Quelle
für *B ohnedies die Rede nicht sein.

Es wäre vollkommen überflüssig, wenn ich noch mehr
Beweise für diese meine Ansicht beibringen wollte, ich müsste
den ganzen Text von B und dazu das Meiste aus der Hdp
hier in der Einleitung abdrucken lassen. Denn ich muss noch-
mals hervorheben, dass B manchmal kürzer als die Hdp ist.

Es ist nicht ganz ohne Werth, diese Unterschiede zwi-
schen *B und der Hdp im Einzelnen zu verfolgen. Dabei
läuft man freilich Gefahr, B Freiheiten zuzumuthen, die ihm
ferne lagen. Es kann B eben alle abweichenden Züge aus
einer Gestalt der Hdp geschöpft haben, die von der uns vor-
liegenden sehr verschieden war. Die folgenden Bemerkungen
sind daher mit Reserve aufzunehmen.

Nectanabeus verspricht Vers 229, er werde der Königin
den Gott Ammon *in eines traken bilde* zeigen; in den anderen
Darstellungen setzt er noch hinzu, wie in der Hdp: *et exinde
humanam formam accipiens et mea similitudine apparebit.*

Dadurch, dass B diesen Zug weglässt, erscheint der Betrug
weniger handgreiflich und die Königin wird in besserem Lichte
dargestellt. Das Hinwegschaffen dieser schmutzigen Ausmalung
beweist eine feinere Empfindung des Bearbeiters. Ueberhaupt
wird die Königin von B mehr als leichtgläubig, denn als
schlecht geschildert, wie z. B. in der Hdp, wo sie auf Necta-
nabeus Zumuthung *unde si placet, esto illi parata, quia in
nocte videbis eum et in somnio concubet tecum* geil antwortet
*si hec videro, [te] non ut prophetam nec diuinum, sed ut deum
ipsum adorabo*, was von B mit Feinheit unterdrückt wurde.
Auch die Liebesscene ist eines grossen Theiles ihrer Ausführ-
lichkeit entkleidet, und das Ganze mit Bescheidenheit vorge-
tragen *vnd volbrâhte den willen sîn mit Olimpiâ der küngîn.*
Damit vergleiche man das, was die Hdp und alle anderen
Darstellungen berichten. Auch sagt B einfach *nun lâze ich
dir ein grôze miet, daz wizze edle küngîn: dîn geburt sô grôz
sol sîn daz ir dehein man mit strît mag gesigen an*, während
Hdp erzählt *cum autem a concubitu surrexisset, percussit eam in
utero et dixit* etc. und dann erst noch cynisch hinzufügt: *taliter
decepta Olimpia cum homine tamquam cum deo concubuit. Mane
autem facto descendit Anectanabus de palacio. Regina itaque prae-
gnans erat.* Von alledem nichts in B, erst des Archipresbyters:
cum autem cepisset tumescere venter eius vocauit ad se etc. gibt
er durch ein *dô si nun grôzen begunde dô hesante si* etc. wieder.
Auch in diesem Zustand wahrt bei B die Heldin ihre Ehre,
denn sie fordert den Zauberer auf, sich zu setzen (256) und
ihre Schuld gesteht sie reumüthig ein, indem sie fürchtet,
Philipp werde sie bei seiner Rückkehr tödten (263 f.); [1]
ausdrücklich erwähnt wird, dass sie Angst empfinde (265.
268). Und der darauf folgende Traum des Königs! Wie gross
der Unterschied zwischen B und der Hdp; diese berichtet [2]
. . *eadem nocte apparuit philippo in somnio deus Hamon con-
cubens cum Olimpia vxore sua et post concubitum videret os
vulue consuere et anulo aureo consignare* und beschreibt den
Ring genau, während B nichts sagt, als . . . *küng Bilipus von
der küngîn troumte, wie der got Amôn si hetti geminnet schôn.*

---

[1] Vgl. Weinhold Frauen 292 ff.
[2] In Uebereinstimmung mit PsK etc. D übersetzt stäts die Hdp.

B fügt bei dem ersten Begegnen Philipps und der Königin
höfisch hinzu: *die kust er an ir rôten munt,* während Leo trocken
sagt *osculatus est eam.*

Schon oben lernten wir einen Zug auf gesellige Freuden
bei B kennen Vers 96 ff., auch bei dem Gastmahl des Königs,
von dem Hdp nichts zu sagen weiss als *Quadam die epulabatur
Philippus cum principibus* etc., wird hervorgehoben *eines tages
fuogt sich daz daz . . . man truog mit schalle bêde brôt und ouch
den wîn.*

Dieselbe keuschere Darstellung wie oben beweist das
Fortlassen des Satzes *et torquebatur venter eius,* auch sagt die
Königin nicht *magister venter meus maximis doloribus torquetur,*
sondern nur *meister, mir ist unmâzen wê.* Ueberhaupt vergleiche
man die ganze Scene in den beiden Fassungen und man wird
das Rohere der lateinischen Darstellung besonders in der Ueber-
setzung z. B. in D unangenehm empfinden.

Dagegen ist B in einigen Punkten bedeutend trockener,
philisterhafter als die Hdp; ich verweise vor Allem auf die
erste Jugend Alexanders; während Leo hier mit Interesse das
Detail ausmalt, constatiert B in wenigen Versen (429—436)
nur das Thatsächliche ohne inneren Antheil. Auch das erste
Gespräch zwischen Alexander und Nectanabus beweist dasselbe
Verhältnis. Tiefere Empfindung spricht dagegen der Vers 525 f.
aus ,*wê mir*' sprach *Olimpias* ,*er dîn rehter vater was*' gegen-
über dem Satze: *Olimpia dixit ,Anectanabus pater tuus fuit*'.
Auch *die red was Alexander leit. er sprach* Vers 527 ist weicher
als das kurze *respondit ille* der Hdp.

Mit Vers 534 endet die Vorgeschichte und es treten nun
die beiden andern Zeugnisse für das Ursprüngliche ein. Bisher
hatten wir es einfach mit dem deutschen Bearbeiter zu thun, der
seinen Zeitgenossen das Lateinische verständlich machte. Von
nun ab ist eine zweite Möglichkeit ins Auge zu fassen. Das
Gedicht war bereits vorhanden, es war aus dem Französischen
übersetzt· und *B überarbeitete nur die ältere Darstellung.
Wir müssen daher beachten, ob sich zwischen dem, was *B
im Deutschen vorfand, und dem, was ihm die Hdp darbot,
ein Unterschied zeigt, und wie *B in einem solchen Falle ver-
fährt. Kurz es ist zu scheiden zwischen der Quelle von VM und
der von B, welche nicht zusammenzufallen brauchen.

II. Der historisch strengere Theil in VMB.

Als Resultat von Harczyks Quellenuntersuchung darf
der Satz angenommen werden,[1] dass V mehr zu dem
griechischen Texte, zum Valerius und der Epitome
stimmt, während M der Hdp näher steht; und wenn
ich auch nicht in allen Punkten mit Harczyk einverstanden
bin, so muss ich doch zugeben, dass die Hauptbeweise, die er
dafür anführt, richtig und überzeugend sind. Auf zwei Stellen,
von denen er éine des Breitern darstellte, bin ich gezwungen
näher einzugehen, selbst auf die Gefahr hin, schon von ihm
Gesagtes zu wiederholen, weil ich dabei noch einmal die Frage
nach dem Handschriftenverhältnis betrachten muss.

Die erste Stelle, auf die ich oben im II. Cap. (S. 46)
hinwies, ist 652 f. (vgl. Harczyk S. 150).

Vorher muss ich nochmals den Satz ius Gedächtnis zurück-
rufen, dass sich B bisher an die Hdp, V mehr an JV und
die Epit., M wie B an die Hdp gehalten.

Es war erzählt worden, wie Alexander den Bucephalus
gebändigt habe, dann heisst es weiter:

V 192, 7 ff.	M 378 ff.	B 646 ff.
Ein pote ilte dem chunge daz sagen	*Do wart daz langer nit uerdaget*	*ein bot iltte dem kunge sagen*
er ne getorste er nieht uergen	*dem kuninge wart do gesagit*	*vnd wollte nût vertagen*
waz sin sun hete getan	*waz sin svn hete getan*	
uf spranc der chunich sa	*der kuninc der spranc uf san*	
unt zoh sines sinnes.	*vnde zehenzich sines gesindes*	*mit sinem gesind er 5 gein im gie*
do frût er sich sines chindes	*er frowete sich sinis kindes*	*sin hercz des gros frûed enpfey*
	die mere er gerne uernam	
	do der kuninc dar quam	

V	M	B
unt also alexander uernam	*unde in alexander uernam*	*als allexander dz vernam*
10		*dz der kŭng gegen im kam*
er thet als im wol gezam	*do teter alsime wol gezam*	
er warf sich nider	*er warf sih nider vnde ginc vestian daz ros entfienc*	*vom rosse er do sprang vnd gieng vestyana in dz ros enpfieng dz ward ze stund gezemet hie sin vatter in wol enpfie*
15		
	alsiz alexander wolde mit einem breitele uon golde mit gesteine wol beslagen	
20 *unde giench sineme uater gegene*	*sinen uater ginc er ingagen*	
unt also sie zesamene chomen	*do si zesamene quamen*	
mit handen si sich namen	*bihenden si sih namen*	
ir rede was uil minnesam	*ir rede wart uile mjnnesam*	
als ir hie mŭt ferstan	*als ir hie mŏgit uerstan*	
24 *hil dich sprach phillippus sun min etc.*	*Heil dir sprah er svne mjn etc.*	*er sprach heil si dir sun min etc.*

PsK I 17 sagt: Δραμὼν δέ τις τῶν ἱπποφόρβων ἀπήγγειλε [τὸ γεγονὸς] τῷ βασιλεῖ Φιλίππῳ ἔξω ὄντι τῆς πόλεως. Ὁ δὲ Φίλιππος ὑπομνησθεὶς τοῦ χρησμοῦ εὐθέως ἀπήντησε τῷ Ἀλεξάνδρῳ καὶ ἠσπάσατο αὐτὸν εἰπών· ‚Χαίροις, Ἀλέξανδρε κοσμοκράτορ'. *JV I 17 Quod cum admirationi visentibus foret,*[1] *ex cursu quidam rem periculi huius nuntiat Philippo. Sed ad memoriam ille revocans monitus oraculi*

---

[1] Dem entspricht B 645 *daz dŭhte si ein wunder al.*

occurrit ad puerum, et salutat inde ut orbis integri dominum.
Hdp *cunque ergo vidisset eum Philippus dixit ei ,Fili
Alexander, omnia responsa deorum impleta sunt in te'.*
Auch Ekkehard 63, 22 sagt wie Hdp *Quod cum vidisset
Phylippus dixit: ,Fili Alexander, omnem divinationem
modo cognovi in te'.* In Hartlieb's Verdeutschung des Eusebius
heisst es: *Das ward bald verkündet Philippo dem küng, der
sahe es auch vnd sprach: ,O Alexander, nun habe ich gesehen
alle warsagung* .. (Auch in dem bei Berger und Weissmann
gedruckten französischen Prosaromane [W II 376] wird nur
berichtet *Quant li roys Phelippes le vit, si li dist: ,Fiz
Alixandres, or conoys-je tous les respons de Dieu en Dieu'.*)

Keine von all diesen Darstellungen — die englische
weicht vollkommen ab — kann hier die Quelle für A gewesen
sein, Vers 5—24 sind verschieden von allen übrigen Fassungen.
Ich habe das Recht, diesen Unterschied auf A zurückzuführen,
denn auch V, wenn es gleich zwei Verse nicht überliefert, die
MB darbieten, stimmt zu keinem der oben angeführten Texte;
die Verse 4, 6, 9 und besonders 12 beweisen zusammengehalten
mit 19—24 zur Evidenz, dass auch ihm etwas Aehnliches wie
MB vorgeschwebt habe.

Wäre V seinen näheren Vorlagen JV und der Epit. ge-
folgt, so müssten wir 1. etwas dem Satze *sed ad memoriam —
oraculi* Entsprechendes erwarten, 2. aber dürfte das Abspringen
vom Pferde und das Entgegengehen Alexanders nicht erwähnt
worden sein. Da aber V schon in diesem éinen Punkte sich
dem vollkommen abweichenden Verfahren von MB genau an-
schliesst, so wäre es inconsequent anzunehmen, dass es nun
Vers 12 f. nicht enthalten habe; vielmehr ist es wahrscheinlich,
dass abermals ein Abirren des Auges Schuld an der Verderbnis
trägt. Ich vermuthe in A habe gestanden:[1]

---

[1] Die Wiederholung eines oder mehrerer Satzglieder nach einem Zwischen-
satze findet sich mhd. nicht so selten, als man wohl glauben würde; vor
Allem sei erwähnt: Veldeke En. 195, 29 ff. *Dô das Turnûs gesach,
das dâ vile tôt lach des here von den zwein resen, das nieman mohte
genesen, den si mohten bestrichen, si mûsten alle entwîchen: dô des
Turnûs wart gewar* .. In den alten Bruchstücken des Eilhart VIII
26 *dâ lâgin si beids, mit michalin leide wârin si bevangin. dâr lâgin
si sô lange, das sie nieman ûf huop* ... IX 63 *ich wêne in sin
geselle hûf, Satands der tûbil; ich bin is ôch âne zuwibil, er huob in*

> *er warf sich nider unde gienc*
> *(Vestiân daz ros entfienc,*
> *des wart ez gezemet mit eineme britele)*
> *unde gienc sineme uater gegene . . .*

Dies ist freilich nur eine Conjectur, erklärt aber den Stand der Ueberlieferung.

Einen andern Punkt kann ich dagegen nicht entscheiden, wie das Verhältnis zwischen Vers 10 und Vers 8 aufzufassen ist. Hier muss ich gestehen, meiner Sache nicht gewiss zu sein; man erwartet zwar Vers 9 einen Objectsatz, denn ein blosses *daz* würde auf Vers 6, nicht auf Vers 5 zurückweisen, allein ich weiss mir nur mit der Annahme einer Doppellesung zu helfen, dass nämlich in A entweder 10 (8) oder 11 über der Zeile als Correctur gestanden habe etwa in der Weise:

---

sicherliche. Beides wurde vom Bearbeiter zerstört, der aber selbst Aehnliches aufweist: 321 ff. *wen he was ein forste hôch geborn. der koning hâte in ûz irkorn, daz he sines riches wilt und im lant und êre behilt. he was ein forste von dem lande . . .* 4452 ff. *Kurnevâl dô wedir sach, wie nâhe im der hunt wêre. he hilt rechte in der gebêre als ob he wolde sin lebin umme des brakin tôd gebin. Kurnevâl der gûte, in vil zorniglîchem mûte hilt he bi einem boime und nam vil rechte goime, wâ he den brackin hôrte.* 5157 *der wall, dâ von ich sich wil sagin, dâ in der koning dô reit jagin, der en was sin nicht aleine.* 6940 *dô gedâchte he her wedir ,her ist mit dir ûz komen: ez enwêre dir kein vrome; swie obele sô he habe getân, lâz dâ dinen zorn zugân' gedâhte der helt wise.* In der Berliner Hs. 7409—7412 *die [kunigein] wdt plaich vnd röt Sam es die frewd ir da gebot Wart sie an ir varbe* ist noch etwas mehr verschieden und vergleicht sich Sätzen wie Vorauer Alexander 216, 10 f. *unde sie uber daz wazer niene liezen uber daz wazer eufrates.* In der Vorauer Kaiserchr. steht 93, 28 ff. *Ein armer wart ir gewar, er slæich ir nach an das uruar ein armer tragære, doch er ê·kunich ze rome wære.* 183, 13 ff. *dû minnet öh in div frowe mit aller slahte triwen. mit zuhten unde mit gûte mit aller deumûte minnete si den helt palt.* 234, 23 ff. *so bistu frowe geborn uon kunigen unt uon herzogen geboren alse edele gezimet niht ze kebese.* 405, 4 ff. *der prister der herre Eusebius di woll er iungelinch was in der swarzen buchen er las.* (Vgl. Heinzel QF 10, 7 f.) Nicht alle diese Beispiele sind gleich überzeugend, beweisen aber doch, dass ich A nichts dem Geiste des Mhd. Widersprechendes zuschreibe. Bei Tauler überliefern in der Predigt: *Des andern suntages in der vasten* die Strassburger und Wolfenbüttler Hs. gemeinsam sogar: *O herre, ie doch geschiht es underwilen daz die kleinen welfelin, die kleinen hundelin, daz die doch gespiset werdent von dem gebrockele daz do vellet von der herren tische.* Aehnlich Wigamur Hs. S (vgl. Zs. 23, 109) *Chunnet ir vns gesagen wa Wa ist sein lant hyn gelegen.*

> *unde also Alexander (daz) uernam* 9
> *das der kuning dar quam* 10 (8)
> *er thet als im wol gezam* 11

Nun schrieb V¹ etwa alle drei in dieser Reihenfolge ab, V liess den zweiten, B¹ den dritten fort, während *M durch einen unbeholfenen Flickvers (7) die Erhaltung aller drei Verse ermöglichte. Auch hier also Anschluss von B an V, nicht gemeinsame Zuthat von MB.

Zugleich zeigt diese Stelle, dass die Quellenuntersuchung durchaus nicht so einfach ist, wie sie nach Harczyks etwas flüchtigem Aufsatze scheinen möchte.

Noch ein zweites Mal geht die Frage um das Handschriftenverhältnis und die Quellen Hand in Hand, nämlich Vers 704 (Harczyk S. 153). Es war von Alexanders Zug gegen Nicolaus die Rede und dann wird berichtet:

V 193 28 ff.	M 452 ff.	B 697 ff.	
unt als er do wider haim gesan	*Do er do wider heime quam*	*do er nu wider hein knn*	
ein laiht nue mare er im uernam	*ein uil leit mere er uirnam*	*do hort soliche mer*	
	des gwan er ungemute	*die im woren swer*	
sin fater habeht sich siner muter gelovbet	*iz was siner muter*	*sin vatter kûng pilipus*	
	sin uater philippus ab comen	*hat entseczet von sinē hus*	5
		sin mûtter die kûngin nach etlicher rat vnd sin	
	unde hete ein ander wib genomen	*hat er ein ander genomē*	
unt saz in foller brutlofe		*vnd was vf die zit komen*	
		dz im der hochzit gezam	10
er liz die sine mûter die frôwen div hiez cleopatra	*di was cleopatra genant*	*cleolepatra was ir nam*	

V	M	B
Also alexander haim chom		
	do alexander daz ir-uant	
15	*unde erz rehte uer-nam*	
er geinch fur sinen fater sten	*uor sinen uater ginc er stan*	*alexander gie ze hant*
		da er sine mütter vant . . .
unt nam die corone die er mit samt ime da hete	*er sazte di cronen do die er nicolao hete geroubit*	*er nam die erfochten kron*
sinem fater ers uf sazthe	*sinem uater uf daz houbit*	*vnd saczte sy vf sins vatter höbt eben.*

Wir finden hier in V einen Gedanken zweimal ausgedrückt
Vers 4 und 11, dagegen fehlt der nothwendige, für den Zusammen-
hang unentbehrliche Gedanke, den MB in Vers 8 ausdrücken.

In den Quellen ist Folgendes zu lesen; bei PsK I 20
ὁ δὲ Ἀλέξανδρος . . . ἀναστραφεὶς εἰς Μακεδονίαν εὑρίσκει τὴν μητέρα
αὐτοῦ Ὀλυμπιάδα ἀπόβλητον γενομένην ὑπὸ τοῦ Φιλίππου τοῦ βασιλέως,
τὸν δὲ Φίλιππον γήμαντα τὴν ἀδελφὴν Λυσίου Κλεοπάτραν τοὔνομα.
Ταύτῃ δὲ τῇ ἡμέρᾳ ἀγομένων τῶν γάμων Φιλίππου, ἔχων τὸν νικητικὸν
καὶ Ὀλυμπιακὸν στέφανον ὁ Ἀλέξανδρος εἰσῆλθε εἰς τὸ δεῖπνον. —
JV I 20 .. *repatriat Macedoniam. Sed offendit forte, ex licentia
regia spreto conjugio Olympiadis, Philippum tunc in Cleopatræ
nuptias demutantum Attali alicuiusdam non ignobilis filiæ. Die
igitur nuptiarum irruens regis triclinium coronatus .. Hdp Sicque
ad patrem suum cum triumpho remeauit. Inuenit autem Philippum
in conuiuio nuptiali sedentem. Eiecerat enim Olimpiam et socia-
uerat sibi cuiusdam hominis filiam nomine Cleopatram. Ingressus
est autem Alexander ad nuptias* ... Ekkeh. Uraug. 63, 38 *Re-
versus autem cum victoria, inuenit Phylippum sociasse sibi quan-
dam nomine Cleopatram, matre sua eiecta; sicqus illo sedente in
nuptiali convivio, ingressus Alexander dixit* .. Hartlieb *als er
heim kam do vernam er wie sein vater sein mütter von im gestossen
hett. vnd het czů im gesellet eines andern mannes tochter die
hiess Eleopatar. Und als alexander einrayt do hett künig*

philippus gar kostlich hochzeit mit eleopatar vnd sass zů tisch in
grosser hochzeit vnd wůrtschafft. Alexander gieng für den tisch …

V kann hier unmöglich das Richtige erhalten haben, denn
so ungeschickt hätte A die Quellen gewis nicht wiedergegeben,
es ist nur die Frage, wie der Gang der Verderbnis deutlich
würde. V enthält hier eine Reihe von auffallenden Reimen;
Rödiger versuchte Anz. I 82 wenigstens éinen zu bessern, es
bleiben aber immer noch *muoter : Cleopatra* und *quam : stân.*
Der letztere ist noch einmal verwendet 198, 26 f. *also alexander*
heim chom, er giench fure sinen vater stan; und Vers 13 wieder-
holt nur, was schon Vers 1 gesagt war. Es erscheint mir daher
unzweifelhaft, dass die beiden Verse 11 und 13 zu streichen
seien. Man könnte das Ursprüngliche wie folgt reconstruieren:

> *unt als er dô wider heim quam*
> *ein leit nûwe mâre er im vernam.*
> *sîn vater (Philippus) habet sich siner mûter geloubet*
> *unde habet ein ander wib gehîwet [?]*
> *unt saz in foller brûtloufe,*
> *Cleopatra hiez diu frowce.*
> *er gienc fur sînen fater stân,*
> *die corône er dô nam*
> *die er mit samt ime hâte,*
> *sînem fater ers ûf daz houbet satzte.*

Es ist dies nur ein Versuch, die verschiedenen Schreibungen zu
vereinigen; aber wenn auch dieser Versuch nicht ganz gelungen
ist: das wird sich aus dem Vorstehenden mit voller Sicherheit
ergeben haben, dass M B durchaus das Richtige, nicht eine
selbständige Aenderung überliefert haben.

In der zuletzt behandelten Scene findet sich auch ein
tiefer gehender Unterschied zwischen Hdp und B, welches
seiner deutschen Vorlage, diese aber mehr dem JV und seiner
Epit. folgt. H 151 f. B corrigiert hier also nicht nach seiner
lateinischen Quelle die deutsche Darstellung.

Auch bei der Bändigung des Bucephalus hält sich B mit
V an das Griechische, den JV und die Epit., während M der
Hdp folgt. Es scheidet sich auch, was die Benutzung der
éinen Quelle anlangt, B von M, denn dieser Bearbeiter ändert
stofflich einschneidend.

Vers 777—796 der Zug gegen Antonia, den V im Anschlusse an JV bringt, Hdp und EU gar nicht aufweisen, wird von B ohne Anführung des Namens gegen die Autorität der Hdp geschildert. Dasselbe gilt von dem Empfange der Boten, die Darius sendet Vers 797—823, von der Besiegung der Stadt Thelemon Vers 824—844, die B *talomone* nennt.

Vers 844—878 [1] findet sich ein bemerkenswerther Unterschied zwischen V und B. Beide erzählen übereinstimmend: V 198, 8 ff. *unt als er dô wider haim reit,*

> *dô begagent ime ein mêrôr arbeit.*
> *dû wider reit ime Pausonias,*
> *der ein rîcher marcgrâve was,*
> *unt fuorte die chunigîn in sîne gewalt.*
> *â wie sêre ers dâ ze stêde engalt!*
> *daz was diu scône Olimpias*
> *diu Alexanders muoter was* (M fehlt)

während die Quellen von einander und von diesem Berichte vollständig abweichen, aber im Folgenden schliesst sich *B* gegen V an die Hdp und sagt: *den spies er durch den grôffen stach, ze der erden dôt in warff.* V: *durch sînen bûch er stach, zuo der erde er in warf.* Hdp[2] *facto impetu et evaginato gladio trucidavit eum.* Bei JV PsK und dem Epitomator tödtet Alexander den Herzog Pausanias nicht, sondern bringt ihn vor den Vater zur Bestrafung. Hier, wie in dem Berichte bis zum Tode Philipps scheiden sich V PsK JV Epit. und B Hdp EU, so dass man sieht, B änderte seine deutsche Vorlage im Hinblicke auf die lateinische, oder um mich der Worte Wackernagels zu bedienen, der Bearbeiter hat mit dem Lambrecht in der Hand die Historia de proeliis verdeutscht.

Und nun folge ich dem Gange der Erzählung in der Weise, wie es Harczyk that, indem ich nur das Erwähnenswerthe bemerke; die Verszahlen beziehen sich auf die Darstellung in B, die in Klammern auf W.

Vers 879—907 (638—671). B folgt A gegen Hdp.

Vers 908—940 (672—703). B bringt mit A die Zahlenangabe und den Zug nach Sicilien *[sittiren lant]* gegen Hdp.

---

[1] Vgl. Harczyk S. 153 f.

[2] Vgl. Harczyk a. a. O. dem eine andere Fassung vorlag, die mit Ekkeh. 63, 60 ff. wörtlich übereinstimmt.

Vers 941—981 (704—743). Den einen von Harczyk hervorgehobenen Zug, den A mit der Epit. gegen die Hdp theilt, bringt auch B. — Von der Aufforderung an die Carthager, sich zu unterwerfen, ihrer Gesandtschaft u. s. w. steht nichts in den Quellen, nur JV und PsK I 30 erwähnen Carthago überhaupt mit Namen und nur dieser hat im Cod. C eine nähere Parallele καὶ Ἔλαβε παρ' αὐτῶν φόρους.

Vers 982—985 (744—759). Die Gründung von Alexandria mit A gegen Hdp, doch fehlt, ganz in der Weise von B, die Vergleichung mit den anderen berühmten Städten.

Vers 986—1000 (760—779). B stimmt mit A gegen Hdp sowohl in dem was es bringt, als in dem was es nicht bringt, obwohl es in der Hdp steht. Besonders der Zug nach Palästina wird ganz abweichend geschildert. [1]

Vers 1001—1265 (785—1246). Die Geschichte der Belagerung und Zerstörung von Tyrus berichtet B in Uebereinstimmung mit V, resp. A. Die antiken Quellen sind noch nicht gefunden, wir treffen Darstellungen bei Curtius Rufus, der im Mittelalter sehr beliebt gewesen zu sein scheint, und, was Harczyk nicht erwähnt, in Diodors historischer Bibliothek XVII. Buch, Cap. 40—46, Diodor erwähnt auch das Holen der Bäume vom Libanon. [2]

Vers 1266—1275 (1247—1266). Ueber diese Stelle, welche auf die Sage von Apollonius von Tyrus anspielt und in den antiken Quellen natürlich nichts Analoges hat, wurde bereits oben in anderem Zusammenhange gehandelt (S. 21 ff.).

Vers 1276—1371 (1247—1422). B stimmt zu A gegen Hdp in dem von Harczyk hervorgehobenen Punkte.

Vers 1372—1377 (1423—1437). B berichtet Aehnliches wie A. Hdp sagt: *Darius itaque perlecta epistola turbatus est valde. Deinde scripsit* ... JV I 39 *Enimvero acceptis Alexandri litteris rex Darius, eisque gravius et arrogantius motus, ad satrapas* ...*scribit.* Ekkehard hat nichts Entsprechendes.

Vers 1378—1410 (1438—1492). B lässt den von Harczyk als hervorstechend bezeichneten Zug im Anschlusse an die Hdp fort.

---

[1] Vgl. Weissmann zu 760 (nicht 769).
[2] Man vergleiche den lesenswerthen Abschnitt in Dunckers Geschichte Alexanders des Grossen.

Vers 1411—1549 (1493—1749). Schlacht gegen Mennes
hat in den antiken Quellen keine Parallele. B schliesst sich
gegen die Hdp an A an.

Vers 1550—1622 (1770—1880). Die Streitkräfte nach A
aufgezählt. Hdp nichts Entsprechendes. Hiemit endet das in
V Ueberlieferte und es gehen nun M und B parallel. Wie sich
ergab, änderte einigemale M, indem es sich genauer als A an
die Hdp anschloss, auch B schlägt in einigen Fällen dasselbe
Verfahren ein, doch fanden wir MB in dieser Thätigkeit nie
einig. Für das Folgende ergäbe sich nach dem bisher Gesagten
die kritische Regel: Ueberall wo nur éine der beiden Dar-
stellungen sich genauer an die Hdp, die andere an JV oder
die Epit. schliesst, ist anzunehmen, letztere repräsentiere die
Fassung von A, wo jedoch sowohl M als B gemeinsame Ver-
wandtschaft mit Hdp zeigen, ist dies auch für A vorauszu-
setzen. Diese Regel kann freilich erst dann in einer kritischen
Ausgabe von Lambrechts Alexander befolgt werden, wenn
klarer in den antiken Quellen gesondert ist. Gerade in der
zweiten, sagenhaften Hälfte der noch zu besprechenden Partie
ist die Unklarheit am grössten.

III. Der mehr sagenhafte Theil in M und B.

Auch hier müssen wieder zwei Punkte unterschieden
werden, je nachdem die einzelnen Züge von MB oder von M
und B getrennt, resp. B allein überliefert werden: also

1. in MB.

Vers 1631—1656 (1889—1923). Hier weicht B und M
von PsK JV und der Epit. ab und folgt der Hdp, nur ist B
etwas kürzer als M. Dasselbe gilt von der nächsten Scene:

Vers 1657—1694 (1924—1973) nur im Schlusse stimmt B
genauer zur Hdp als M.

Vers 1695—1714 (1974—2001) die Schlacht gegen Amenta
wird nur von der Hdp und Ekkeh. berichtet; M schliesst sich
genauer an die Hdp, in dem es *si vohten freislîchen zwêne tage al
in ein daz di sune nit ne geschein, wande si ne wolde belûchten niht
den mort* wie Hdp erzählt, was in B und bei EU fehlt. Dagegen
schiebt es 1983—1992 W zwischen *si vohten allen einen tach*

und *si vohten langer tage dri*, während B sagt: *vnd vachten
allen den dag, daz ir hant nie gelag. sy stritten dry gancze tag* . .
wie die Hdp und Ekk. *et usque ad occasum solis equaliter
pugnauerunt.*[1] *Sic etiam per tres dies continuos pestiferum bellum
durauit.* Die kurze Beschreibung der Schlacht 1994—1996
(W. 1707—1713 B), in welcher B und M übereinstimmen, hat
in den Quellen keine Parallele.

Die ausführlichere Schilderung in M 2002—2017 (W) hat
ihren Ursprung in einem kleinen Satze der Hdp und der Chronik
Ekkeharts; der Satz schliesst aber nicht direct an die Beschreibung
der Schlacht an, sondern erst an den Bericht, wie der fliehende
Amenta zu Darius kommt und dort die Boten mit Alexanders
Brief und Gabe trifft. B bietet nichts diesen Fassungen Ent-
sprechendes, sondern lässt auf die Ausmalung des Kampfes
sogleich folgen

Vers 1715—1734 (2018—2041). Die von der Hdp und
EU ausführlich berichteten Eroberungen deutet M 2021—2028
nur an und B stimmt darin mit M. Das Sammeln des Heeres
mit der Zahlenangabe findet sich nur in MB.[2]

Vers 1735—1774 (2042—2087). Die Aenderungen von B
haben in keiner der Quellen eine Autorität und éin Zug ist
sogar gegen die ausdrückliche Erwähnung von Hdp aus der
Beschreibung von Tyrus herübergenommen: *abtirus ... lit an
ener vestin wer, zwissent dem gebirge und dem mer.* Hdp *locus
non erat naturaliter munitus.*[3]

Vers 1775—1815 (2088—2139). B stimmt zu M, die
Zuthaten sind eigenes Machwerk von B. Die Aenderung von
Harczyk *ime* in *in* ist nach B 1804 richtig. A weicht übrigens
ziemlich stark von allen Quellen ab, am meisten Aehnlichkeit
hat es noch mit der Hdp.

Vers 1815—1821 (2140—2152). MB stehen allen andern
gegenüber. Die Erwähnung der Bibel blieb in B weg, vgl.
oben III. Cap. (S. 59).

Vers 1822—1831 (2153—2163) gilt dasselbe.

---

[1] Ekk. und die von Harczyk benutzte Fassung der Hdp haben hier noch
einen Satz überliefert. Vgl. H. 157 f.

[2] Vgl. oben S. 100.

[3] Dies wird in der von H. benutzten Fassung der Hdp freilich nicht
erwähnt.

Vers 1832—1919 (2164—2277). Die von Harczyk hervorgehobenen näheren Parallelen zwischen M und Hdp resp. PsK entfallen, da auch JV und Ekk., so weit sie von einander und den andern abweichen, gerade alle in der Erwähnung stimmen, dass die Lacedämonier eine Seeschlacht versucht und durch Feuer ihre Schiffe verloren hätten. Dagegen ist hervorzuheben, dass keine der sonst verwandten Quellen in dieser Scene die Vorlage von A gewesen sein könne, da keine so ausführlich die Belagerung schildert wie A. Es war also wohl eigene Zuthat des Alberich von Besançon.

Vers 1920—1997 (2278—2391). Was Harczyk S. 161 über diese Scene sagt, ist durchaus nicht befriedigend. Die erste Parallele zwischen M und Hdp (PsK) fällt weg, denn auch JV sagt II 7 *Tu illum videns nec ducibus nec præcursoribus confidentem, sed sibimet laboris omnis officia vindicantem, hæc agere quæ tanta sunt: quæ tu quoque, si recta sapias, per te feceris. Viden ut primus irruat in proelia? prior intonet bellicum? prior periculum subeat?* Die zweite ist richtig, JV auch Ekkeh. weiss nichts davon. Aber auch B bietet nichts dem Analoges, stimmt daher gegen M und die Hdp mit JV. Sollte hierin nicht das Ursprüngliche stecken? Denn sonst stimmt B mit M auch in dem von allen Darstellungen Abweichenden: Vers 1930—1937 = 2287—2292 das Versprechen vom Zins abzusehen, wenn Alexander vom Kampfe abstehe. Die Rede *Ocyators* — Hdp nennt ihn *Macher*, M *Occeatyr*, PsK Ὀξυώρης, JV. *Oxyathrus* — ist in B viel gröber als in M. Von den kleineren Aenderungen in B z. B. Vers 1971 ff. bieten die Quellen keine. — Mit Ekk. theilen MB zwei Auslassungen: PsK II 7 (S. 61ᵇ) ἡμεῖς δὲ ἐπέμψαμεν αὐτῷ σκῦτος καὶ σφαῖραν ἐπὶ τὸ παίζειν καὶ παιδεύεσθαι . . JV II 7 (S. 62ᵃ) *Denique pudorem suum haud dubie fatebatur, quod ei viro pilam habenamque misissit* . . . Hdp *Direxi ei ludicram pilam et zocham ut ludum discerct puerorum* . . . Ferner fehlt nur in MB und bei Ekkehard die Aufzählung der Völkerschaften.

Vers 1998—2047 (2392—2454). Die von Harczyk erwähnte Parallele zwischen Hdp und M ist richtig und M bewahrt hier das Richtige, trotzdem B und JV den Gedanken, dass das Heer trauerte, nicht haben. B machte sich, wie aus 2008 hervorgeht, einer Auslassung schuldig. — Eine andere

Uebereinstimmung zwischen MB und der Hdp ist das Fehlen einer Apposition: PsK II 8 καὶ δή τις Φίλιππος ὀνόματι, φίλτατος Ἀλεξάνδρῳ . . JV II 8 *sedulitate acceptissimus regi* . . Auch Ekk. 65, 71 *quem diligebat Alexander quia medicus erat*. Dagegen heisst Parmenius in der Hdp und bei Ekkeh. *princeps militiae qui tenebat Armeniam*, dies fehlt bei MB, JV und PsK. — In der Erzählung des Gesprächs zwischen Alexander und Philippus weichen MB von allen andern Darstellungen ab. M und Hdp in der Bestrafung des falschen Parmenius, welche bei PsK, JV, Ekkeh. und B von Philipp erst gefordert werden muss, während Alexander in M: *Parmênen hiz er slân ze sîner anesihte (Philippo er dô richte) wander in habite belogen*. Und in der Historia *Mox . . iussit ad se Parmenium venire et percunctatus invenit eum morte dignum. Sicque praecepit ut capite privaretur*. — Die Todesart in B ist originell.

2048—2077 (2455—2544). B ist bedeutend kürzer als M. Der Zug nach *Armeniâ* wird von JV II 9 nicht erwähnt, dafür ist ein anderes Motiv von ihm eingeführt, das sich später wiederholt: *igitur recepta valetudine Alexander per Medos exercitum ducens iter illud multis admodum diebus per deserta regionis emensus est, multamque aquae penuriam toleravit*. Was M von Alexanders Thätigkeit in Armenien zu berichten weiss, bieten weder B noch die Quellen. Die *stat Andriâ* wird bei PsK, Ekk. und in der Hdp genannt, hier heisst es: *deinde ambulans diebus multis ingressus est locum aridum et inaquosum, ubi aquæ minime consistebant et transiens per locum qui dicitur Adriacus*[1] *venit ad fluvium Eufraten;* JV überliefert den Namen nicht. — Nachdem die Brücke geschlagen, weigern sich die über die Grösse des Flusses erschrockenen Soldaten hinüberzugehen, Alexander schickt daher zuerst die *animalia*, als dies auch nichts nützt, geht er als Erster hinüber und das Heer folgt ihm. Die beiden im Druck hervorgehobenen Motive fehlen BM im Gegensatze zu allen Darstellungen. — Die Reden der Soldaten und Alexanders, deren Uebereinstimmung mit der Hdp Harczyk S. 161 f. nachwies,[2] wurden von B sehr stark zusammengezogen; dass dies nicht im

---

[1] Ekk. 66, 14 *Andriacus*, wie auch Hdp zu lesen sein wird. PsK Ἀρειανή.

[2] In dem von mir benutzten Drucke ist die Uebereinstimmung viel geringer.

Hinblicke auf eine lateinische Vorlage geschah, ergibt die Vergleichung mit JV und der in B bis zur Unverständlichkeit gestörte Context.

Vers 2078—2162 (2545—2650). Der Zug in MB, die Heere seien einander so nahe gewesen, dass die Vorposten sich gesehen hätten, findet in den Quellen keine Parallele, ebensowenig Vers 2587 *er hêtis gerne mêr getân.* Auch sieht sich Alexander in den antiken Darstellungen nicht nach dem Attentäter um, sondern dieser wird vor ihn gebracht. Die Aehnlichkeiten zwischen A und Hdp (PsK) im Dialog sind von Harczyk richtig angedeutet. Darauf folgen in dem von mir benutzten Strassburger Drucke der Hdp Vorschläge der Soldaten, wie der Perser gestraft werden solle. Dies fehlt in Harczyks Angabe, ist daher wohl Zuthat einer Recension von Leos Werk. — Die M und B gemeinsame Schlachtbeschreibung ist von den Quellen nicht vorgebildet.

Vers 2163—2205 (2650—2696). JV berichtet an dieser Stelle nichts über die Gefangennahme von Alexanders Mutter und Familie.

Vers 2206—2243 (2697—2768). B kürzte so stark, dass Alexanders Antwort vollkommen unverständlich ward.

Vers 2244—2255 (2769—2788). Die Angaben Harczyks beruhen auf grosser Flüchtigkeit. Alle Quellen berichten übereinstimmend, dass Darius den König Porus von Indien um Hilfe angegangen habe. PsK II 11 Ἔγραψε δὲ καὶ Πώρῳ τῷ βασιλεῖ τῶν Ἰνδῶν, δεόμενος βοηθείας τυχεῖν παρ' αὐτοῦ. JV II, 11 *Igitur ad Porum quoque scribit Darius petitque sibi auxilia plurima.* — Hdp *Scripsit et aliam litteram ad Porum regem Indorum, ut sibi dignaretur auxilium impartire.* [1] Woher die Abweichung in M stammt, kann ich nicht ermitteln.

Vers 2256—2451 (2789—3051). Für die Wichtigkeit dieser Partie bei der Frage nach den Quellen beweist Harczyk S. 162 f. kein Verständnis; auch S. 147 f., wo er die Verse 2825—2859, besonders 2851 f. (W) hätte erwähnen müssen, nicht éin Wort. Alexanders Traum wird berichtet, es erscheint ihm *ein*

---

[1] Auch in Hartliebs Verdeutschung: *darnach schrib aber der grosse künig Durius dem künig Poro in India das er im ze hilff kem.* Vgl. Michelant 255, 7 ff.

man in allen dem gebére als er sîn vater wére, nun äussert M
wieder seine sittliche Entrüstung über *der leien spot,* welche
den Vater Alexanders einen Gott sein lassen, die Rede aber,
welche eben der Mann hält, hebt ausdrücklich hervor:

> *ich wil dir lâzen werden schîn*
> *daz ih ein gwaldich got bin.*

PsK II 13 . . Ἀλέξανδρος . . . ὁρᾷ καθ' ὕπνους τὸν Ἄμμωνα ἐν σχήματι
Ἑρμοῦ αὐτῷ παρεστῶτα, . . λέγοντα αὐτῷ Τέκνον Ἀλέξανδρε, ὅτε καιρός
ἐστι βοηθείας, συμπάρειμί σοι . . . JV II 13 *somniatque sibi deum
Ammonem adstitisse omnem habitum, quo deum Mercurium pingi
visisset, sibimet porrigentem cum his mandatis: ,En tibi, fili
Alexander, adsum in tempore'* . . . Hdp *Eadem vero nocte ap-
paruit Alexandro Mercurius . . . dicensque illi: ,Fili Alexan-
der cum opus tibi fuerit semper in adiutorio tibi astabo'.*
Diese Stelle ist wohl verderbt und nach Ekkeh. 66, 71 f. zu
corrigieren, wo es heisst: *dormiens autem, vidit in somno Ham-
monem deum in forma Hermi . . . sibique dicentem: ,Fili Alexander,
quando necesse est adiutorium, paratus sum nunciare tibi'.* Schon
aus diesen Sätzen ergibt sich, dass M den gemeinen Text
aufnahm, ohne auch nur den Versuch zu machen, ob die
Ueberlieferung und seine specielle Auffassung nicht vielleicht
in Einklang gebracht werden könnten. M ändert an der Rede,
wie sie von allen Quellen überliefert wird, [1] die wenigen Worte,
auf die es ankam, n i c h t, sondern gibt nur seine widersprechende
Ansicht wie in einer Anmerkung. Dies Verhältnis ist höchst
auffallend, entweder fand sich der Widerspruch schon in A vor,
oder er entstand dadurch, dass M seine deutsche und latei-
nische Vorlage in Einklang zu bringen suchte; denn es muss
als ausgemacht hingestellt werden, dass die Aenderungen,
welche M vornahm, nicht bloss formalen Gründen ihren Ur-
sprung zu danken haben, die Discrepanz von V und M, was
die Benutzung der Quellen anlangt, ist nur aus einer Revision
des Thatsächlichen im Hinblick auf eine bestimmte Quelle zu
erklären. Gegen die zweite Möglichkeit lässt sich jedoch
Manches einwenden: 1. Der Umstand, dass schon zweimal für
A ein Widerspruch ähnlicher Art constatiert werden musste,
vgl. Harczyk S. 146—148. 2. Der Umstand, dass M durchaus

---

[1] Wohl zufällig blieb bei Hartlieb das Motiv des Traumes ganz fort.

keine von den Quellen ganz genau wiedergibt, weil der überein-
stimmend überlieferte Zug fehlt, Ammon sei in der Gestalt
des Mercurius erschienen und habe Alexander beauftragt, in
derselben Tracht zu Darius zu gehen: PsK II 13 .. ἐν σχήματι
Ἑρμοῦ .. ἔχοντα κηρύκιον καὶ χλαμύδα καὶ ῥάβδον καὶ Μακεδονικὸν
πιλίον ἐπὶ τὴν κεφαλὴν αὐτοῦ ... σὺ δὲ αὐτὸς γενοῦ ἄγγελος καὶ πορεύου
ἀναλαβὼν τὸ σχῆμα ὅπερ ἔχειν ὁρᾷς με und weiter bei der Ankunft
im Lager des Darius II 14 καὶ οἱ ἐκεῖ φρούραρχοι θεασάμενοι αὐτὸν
ἐν τούτῳ σχήματι ὑπενόουν θεὸν αὐτὸν εἶναι. JV II 13 .. *videlicet hoc
omni habitu adornatus quem nunc a me tibi offerri consideras* ...
II 14 *Jamque aderat Alexander et habitum illum pompamque regiae
magnificentiae mirabatur. Denique non absque ea dubitatione egit
utrumne adorandus sibi idem rex foret, ita omni cultu tum capitis
tum vestitus, sceptro etiam et indumentis pedum magnifice adorna-
batur. Aderantque et satellitum millia stupore barbarico regem
suum ut deum praesentissimum demirati.* Hdp *Mercurius portans
clamidem ac vestem Macedonicam* ... *volo enim ut induas figuram
meam* .... *audientes eum Perse non modicum in figura eius
obstupuerunt, existimantes illum deum esse.* Ebenso Ekkeh.
M sagt aber bei Alexanders Ankunft im Lager des Darius:
jene sprächen [die Perser]*: „wer ist dere? er glichet sêre einem
gote‘.* Auch B erwähnt den Auftrag Ammons nicht, dagegen die
Frage der Perser wie M, daher ist zu entnehmen, beides sei
aus A in M und B herübergenommen. 3. Endlich ist der
Umstand geltend zu machen, dass selbst in B ein Ueberrest
der einschränkenden Anmerkung stehen blieb, wenn es ohne
Zusammenhang Vers 2297 heisst: *(ich bin ein hôcher got) dis
ist der leyen spot* wie M 2832 (W). Darum ist nicht zu zweifeln,
dass schon in A die Einleitung zu der Rede und diese selbst
gestanden haben, und dass M wegen der in der deutschen Vor-
lage vorhandenen Uebereinstimmung mit der Hdp nicht änderte.

    Bei der Beschreibung des Flusses Stranga findet sich
wieder nähere Berührung zwischen A und Hdp (und PsK);
während JV von ihm behauptet *plerumque ex vehementia
nivium adeo stringitur et congelascit, ut instar saxi viabilem
sese transeuntibus viris, carris etiam quam onustissimis praebeat.
Atque ex hoc ingenio sui etiam tunc gradabilis fuit,* sagt Leo
von ihm *hyemali et vernali tempore tota nocte coagulatus existit.
Mane vero cum calet sol dissoluitur et cursu tam rapido fluit vt*

si quis ingressus fuerit velocitate fluuii rapiatur [1] und PsK II 14
ebenso. M *der flüzit allen den tach unde irfrûsit inne der naht
daz man dar ubir mohte rîten.* B *der fliusset den tag mit macht
und gefriuret die nacht daz man es mag gerîten.*

Alexander kommt zu Darius, wird für einen Gott ge-
halten und richtet barsch seine Botschaft aus. Der hieraus
entstehende Dialog weicht in M von B und den Quellen ab,
es fehlt folgender Zug: PsK II 14, jedoch nur in Cod. A
Δαρεῖος εἶπε · Μή τι σὺ Ἀλέξανδρος; οὕτως γὰρ μετὰ θράσους μοι δια-
λέγεις · οὐχ ὡς ἄγγελος, ἀλλ' ὡς αὐτὸς ἐκεῖνος · JV II 14 *Numnam
quæso, tu ipse Alexander ades, qui adeo nihilum reverens nostri
confidentissime loqueris?* Hdp *An tu es Alexander, quum tanto
furore sermonem tuum promulgas, quia vt video non vt nuncius
sed vt rex superba promittis.* Ebenso Ekk. B *und wêrest dû
joch selber Alexander, es wêr genuog unmessenklîch, daz dû sô
redest vor dem rîch.*

Das Gastmahl des Darius, Alexander behält die Becher
B *dis det er durch den list, wande er wol wist daz sîn diener
vil bereit wurden durch die gitekeit, in sînen hof ze rîten.* Davon
nichts in M und den Quellen, nur Hdp fügt etwas Aehnliches
an *Perse vero qui sedebant in conuiuio ad inuicem dicebant: Ista
consuetudo laudabilis et bona est* etc. vgl. auch Ekk. 67, 25 und
D 29ᶜ f. Der Schluss dieser Scene ist in B geändert, Alexander
nimmt Abschied und reitet ungehindert von dannen. In den
Quellen findet sich keine Analogie. — Das Beispiel aus der
Thierwelt bieten MB, Hdp, Ekkeh. und PsK, dagegen fehlt
es bei JV (Harczyk 163).

Vers 2452—2574 (3052—3266). Die Schlacht, Alexander
besteigt den Bucephalus, es wird furchtbar gekämpft *dâ was
daz felt vil breit mit den tôten ubirspreit* (Hdp . . . *ut totus campus
ex semivivis et mortuis vestiretur,* fehlt B [2] und JV). Die Perser
fliehen über den Stranga, dessen Eisdecke bricht, so dass die
Meisten ertrinken; als man die Toten zählte, *zvei hundirt
tûsunt der was, der nie nehein negnas, ân di, di in dem Strâge
ouh vertrunken lâgen, der ne mohte man neheine zale gescriben
noch gesagen wale* (ähnlich B), Hdp *In hoc siquidem proelio*

---

[1] Aehnlich Ekkeh.
[2] Die Stellen sind wichtig, vgl. oben.

mortui sunt ex Persis trecenta milia hominum, exceptis his quos profunditas fluvii suffocavit (fehlt PsK, JV und Ekk.). Das ganze Land beklagt die Gefallenen (die schöne Stelle in M fehlt B so wie den Quellen), Darius verzweifelt: M *fortuna di ist sô getân* .. etc. (ähnlich B nur verstümmelt) JV II 16 (vgl. PsK II 16 ἡ γὰρ τύχη βραχεῖαν ἐὰν λάβῃ ῥοπὴν ἢ τοὺς ταπεινοὺς ὑπεράνω τῶν νεφελῶν ἀναβιβάζει· ἢ τοὺς ἀφ᾽ ὕψους εἰς ζόφον κατάγει) *Profecto nulli est hominum rata vel stabilita fortuna, quae si parvam inclinationem status sui nacta sit in contrarium protinus resultare et quosque de culmine ad profundas tenebras urgere.* (In der Hdp und bei Ekk. fehlt diese Erwähnung der Fortuna.)

Vers 2575—2646 (3267—3370). M stimmt mit der Hdp näher, abweichend ist nur: Hdp erwähnt eine Versammlung (wie JV) und nennt als Redner Parmerion (wie JV), beides fehlt in M. Was dagegen B mehr als M bietet, ist eigene Erfindung, wenigstens hat es in den Quellen keine Gewähr. Vgl. Vers 2616.

Vers 2648—2679 (3371—3430). B kürzte. M *dô gebôt er den sinen, daz si brêchen den palas,* PsK ἐμπυρίζεσθαι, JV *inиеcto igni concremari,* Hdp *succendi,* B *daz sy brenten den palas.* In M und B wird er zur Zurücknahme dieses Befehls durch die Bitten seiner Soldaten bewogen, dagegen PsK μετανοήσας, JV *per poenitentiam,* Hdp *poenitentia ductus.* Die Uebereinstimmung von MB mit Hdp sonst in die Augen springend; die Aenderungen und Auslassungen von B sind willkührliche.

Vers 2680—2730 (3431—3534). Der von M und B überlieferte Brief des Königs Porus an Darius findet sich nicht in den Quellen.

Vers 2731—2890 (3535—3904). Die Ermordung des Königs Darius durch die beiden Satrapen; Darius ist allein auf dem Saale (MB, JV, fehlt Hdp), er spricht zu den Mördern (MB, PsK, Hdp, fehlt JV), diese verbergen ihre Waffen, stellen sich unschuldig und beklagen den Tod des Königs (M, fehlt PsK, JV, Hdp, B), endlich verbergen sie sich selbst (M, Hdp, fehlt B, PsK, JV).

Alexander erfährt diese Vorgänge und geht über den Stranga (fehlt B), betritt die Stadt ungehindert. — B schaltet ein *die inren wurden unfrô, si bereitten sich dô daz si Alexander în liessen, ob er in verhiesse daz si solten fride hân.* Aehnlich

Hdp *Perse autem videntes eum aperuerunt ei portas civitatis et eum honorifice receperunt.* — Alexander kommt zu Darius. — Die unpassende Beschreibung des Palastes in Hdp fehlt in MB, wie bei den andern sogar Ekk. — Die Reden, Darius wird begraben.

Proclamation an das Volk, Bestrafung der Mörder, was in Hdp vorhergeht ist elender Zusatz. Alexander verspricht den Mördern, sie nach Gebühr zu belohnen (so in den Quellen, MB machen daraus positive Angaben, wodurch Alexander in den Schein der Wortbrüchigkeit kommt, den er in M auch ausdrücklich aber ungeschickt von sich abzulenken sucht; dies liess B fort). Alexander lässt sie ergreifen, zu Darius' Grab schleppen (B, Hdp, PsK, fehlt M, JV) und dort tödten (kreuzigen PsK, JV, M, köpfen Hdp, lebendig begraben, Begründung B. Dieser Zug nur in B).

Die Vermählung Alexanders mit Roxane (MB stimmen mit Hdp, nur fehlt der Zug, dass die Perser dem Könige göttliche Verehrung leisten wollen). Die Hereinziehung von Salomons Reichthum etc. liess B im Anschlusse an die Quellen und seiner Abneigung gegen biblische Reminiscenzen folgend, einfach weg.

Vers 2891—3246 (3905—4608). MB ziehen die beiden Schlachten gegen Porus in éine zusammen. Kleine Abweichungen zwischen M und B in Bezug auf Hdp vgl. Vers 2929. 2988. 3123. 3135. 3136. 3163. B hat eigene Zusätze z. B. Vers 3099—3122 und ist einigemale von M sehr stark verschieden, ohne dass besondere Uebereinstimmung mit éiner Quelle zu bemerken wäre.

Alexander erhält durch einen Brief die Nachricht, König Porus von Indien komme Dario zu Hilfe (MB, fehlt bei den andern). Alexander spricht zu den Seinen (B, fehlt M und den Quellen), zieht nach Indien, die Soldaten murren, das erfährt Alexander und lässt sie vor sich kommen; stellt auf éine Seite die Griechen, auf die andere die Perser (B Hdp, fehlt M PsK JV); seine Rede; die Soldaten schämen sich und werden roth, sie schwören ihm, immer zu folgen (MB Hdp, fehlt PsK JV); Brief des Porus (nähere Verwandtschaft zwischen MB Hdp), Alexander ermahnt seine Leute (B kürzte gegenüber M Hdp JV PsK); die Antwort Alexanders (Hundebellen MB, fehlt den übrigen); Porus rüstet sich (die Beschreibung der Elephanten. findet sich nur in M — vgl. die Anm. Harczyks S. 164 — B schliesst sich den Quellen an und lässt sie fort); die Schlacht: die Elephanten werden durch glühende Statuen in die Flucht getrieben (B kürzt unsinnig, zerstört Sinn und Zusammenhang); Porus und Alexander sprechen zu ihrer Mannschaft, Porus sogar zweimal (davon nichts in den Quellen, B gibt von der zweiten Ansprache kaum ein Gerippe), der Kampf dauert zwanzig Tage (B und die Quellen, vgl. Zacher, PsK 144, drei Tage M), Alexander und die Seinen nehmen den grössten Schaden (MB. In der Hdp fliehen die Inder, Alexander erobert *ipsam civitatem Pori*, schreibt an Talifrida, die Königin der Amazonen, diese antwortet, Alexander schreibt nochmals, [1] dann zieht er gegen Porus durch wasserlose Gegenden, alle leiden Durst, ein Soldat, Namens Zephir, bringt ihm Wasser, [2] Alexander lässt es jedoch ausschütten, weil er mit ihnen alles ertragen wolle; andere Reiseabenteuer, Alexander muntert die Seinen auf, neue Abenteuer, zweite Schlacht mit Porus; von alledem in MB und den übrigen Quellen, auch Ekk. nichts); Vorschlag zum Zweikampfe (ausgehend von Alexander MB PsK JV Ekk., von Porus Hdp), dieser erfolgt, Porus wird erschlagen. (B stimmt näher zu Hdp als M, von dem es sehr stark abweicht.) Gegen die Verabredung beginnen die Inder von Neuem zu kämpfen (von ihren Führern aufgestachelt B, fehlt M und den Quellen), doch werden sie durch Alexanders Rede besänftigt (B und die Quellen. M fügt neuerliches Schlachtdetail und endliche Besiegung der Inder durch Alexander an), schliesslich wird Friede, die Inder begraben ihren gefallenen König (MB Hdp PsK, fehlt JV) und bringen die Verwundeten fort (MB, fehlt den Quellen). [3]

Hiemit endet der historisch strengere Theil und die Erzählung wendet sich nun den sagenhaften Begebenheiten zu; Reiseabenteuer, Anekdoten und geographische Märchen, wie sie vom Alterthume ab durch das ganze Mittelalter hindurch

---

[1] Vgl. Zacher a. a. O. S. 165 f.

[2] Fast wie in Schillers Räubern.

[3] Ich war auch hier ausführlich, um den Satz Harczyks S. 163 zu widerlegen, ,die Erzählung stimmt zu der des Lib'.

beliebt waren und als wissenschaftlich beglaubigt galten, sind der Inhalt.

Hiemit endet aber zugleich auch die verhältnismässige Klarheit der antiken Ueberlieferung und mit den Erzählungen wird auch die Anordnung der einzelnen Begebenheiten immer bunter. Keine von den Darstellungen stimmt mit der andern in der Abfolge der Scenen und Motive und darum ist es ein Haupt- oder fast der einzige Beweis für die Zusammengehörigkeit von M und B, so weit sie auch im Wortlaute auseinander gehen, dass sie bis zu éinem gewissen Punkte (Vers 4240) übereinstimmenden Gang der Erzählung aufweisen.

Wir wenden uns zu Cap. IV. ꜰꜰꜰ (der mehr sagenhafte Theil)

2. in M und B, resp. B allein.

Vers 3247—3329 (4609—4736). Ueber diese Stelle ist oben (S. 80) Einiges gegen Harczyk angemerkt. — Die zweite von Hárczyk geltend gemachte Parallele zwischen M und Hdp (PsK) ist richtig, in B jedoch fehlt die ganze Rede, aber nicht in Uebereinstimmung mit JV. — Diese Scene folgt in MB, PsK, JV und Hdp auf die Besiegung des Königs Porus, nur Ekkehard fügt einen Brief an Aristoteles über den Kampf mit den Indern ein.

Vers 3330—3984 (4753—6437). Alexander berichtet seine weiteren Erlebnisse selbst in einem Briefe an Olympias und Aristoteles. B fällt jedoch schon von Vers 4069 ab wieder in die gewöhnliche Erzählungsweise, es spricht nicht mehr Alexander, sondern der Dichter. Ferner ist in der Einleitung zu dem Briefe von B zwar gesagt (3337 ff.) *daz hiez er alles schrîben und det daz sîner muoter kunt und sînem meister an der stunt, Aristotiles was sîn nam;* allein die Anrede geht nur an den Letzteren, so viel ist trotz der verderbten Ueberlieferung sicher; B stimmt also mit den Quellen in diesem éinen Punkte, während es zugleich die Einrichtung von A erkennen lässt.

Vers 3349—3401 (4775—4885). Der Fluss mit bitterem Wasser bleibt in B fort, [1] dagegen stimmt B zu M in dem Namen der Stadt, zu welcher Alexanders Soldaten schwimmen

---

[1] Zacher PsK S. 152.

wollen, in den Quellen ist der Name nicht genannt. Das Wei-
tere stimmt bis 3379 (W 4824), nun fehlen in B gegenüber
Hdp und M: die *scorpiones, lewen, eber, elefande, slangen*. Erst
(W 4853) die teufelähnlichen Leute werden wieder gemeinsam
erwähnt. Dabei weisen M und B scheinbar einen gemeinsamen
Fehler auf: nach Vers 4859 (W) blieb die Reimzeile aus.

lanc waren in di zande.	B *lange waren in die zent*
harte milweten si min here	*si datten vns angst mit*
	grossem leit

        ✳   ✳

4 *mit speren ioh mit scozzen*   *die vertriben wir mit schos.*

B jedoch bringt abgeschlossenen Sinn, überliefert das *vertriben*
Vers 4. Dadurch wird evident, dass nicht ein gemeinsamer
Fehler vorliegt, sondern dass B in seiner Weise die Stelle der
prosaischen Erzählung nahe brachte. — Das schreckliche Thier
(Odotyrranus) erwähnt B wie M; die in Hdp fehlende Be-
schreibung, welche M gibt, findet sich auch in B nicht vor.

    Vers 3402—3412 (4886—4902). Füchse in B wie in M.
Dann sagt B [1] *fliegende swalben komen dar gar gros als duben.*
Hdp *Volabant ibi et vespertiliones tam magni ut columbae.*
Während es in M heisst: *fliegen wir sâgen alse tüben unde
ledersvalen.* Ich glaube, dieser verderbten Stelle ist leicht ab-
geholfen, man braucht nur im Hinblicke auf B zu lesen:

                vliegende wir sâgen
                sô grôz als tüben ledersvalen.

Dies erscheint mir wahrscheinlicher, als Harczyks unlogische
und gekünstelte Erklärung. Er sagt S. 166 wörtlich: ‚In den
nächsten Zeilen zeigt sich im deutschen Gedicht grosser Unsinn,
hervorgegangen aus Misverständnis der lateinischen Ueber-
lieferung‘, und meint, das *volabant* der Hdp sei mit *vliegen*
übersetzt, und dann in *vliegen* (Subst.) misverstanden worden. [2]
Dies liesse sich ganz wohl erklären. Wie soll aber Alberich
von Besançon zu seinem Irrthum kommen, er sprach doch nicht
deutsch; trotzdem sagt Harczyk: ‚wohl möglich, dass schon A.
von Besançon jene sonderbaren Insecten so beschrieb, wie wir
sie bei Lamprecht finden‘; er schliesst dies aus dem spanischen

---

[1] Vgl. Harczyk S. 166.
[2] So verstehe ich seine Ausführung.

Gedichte des Juan Lorenzo Segura Str. 2008. Bei ihm steht
moscas (Fliegen); wie kommt er aber zu diesem Misverständ-
nisse? und was beweist es? ich halte den Rückschluss von
Segura auf Alberich nicht für erlaubt, da Lambert li Tors
nichts von den Fliegen erwähnt und doch gewiss auch das
Gedicht Alberichs kannte.

Vers 3413—3443 (4904—4945). Abenteuer mit den Riesen.
Die Zahlenangaben lauten verschieden, *sehs hundrit*, davon
werden *fier unde drîzic* erschlagen, von Alexanders Leuten
bleiben *vier unde zwênzic* (M), in B *sechshundert* — *vier und
drissig* — *achzig*, in Hdp fallen *sexingentos et triginta quat-
tuor* (sic), von Alexanders Soldaten *centumtriginta septem*.

Vers 3444—3474 (4946—4989). B stimmt mit M, dem
es auch in der von Hdp völlig abweichenden Anordnung folgt, [1]
nur kürzte B so, dass die Verse ganz verwischt wurden.

Vers 3475—3482 (4990—5003). Von diesem Abschnitte
gilt dasselbe. [2] — Die in M folgende duftige Erzählung von
den Mädchenblumen, welche sich bekanntlich nur im Lambert
li Tors findet, nicht in den anderen Quellen, fehlt in B gänzlich.
B folgte dabei der gemeinen Ueberlieferung und seine Dar-
stellung wurde dadurch der poetischesten Scene beraubt. [3]

Vers 3483—3504 (5206—5257). B kürzte unsinnig, so dass
eine Stelle nur durch Vergleichung mit M verständlich wird.

Vers 3505—3544 (5258—5319). Alexander kommt zu
einem Berg, den er besteigt; in M heisst es *ûf den berc quam
ih gesunt*, in der Hdp *et assumptis xij. principibus suis gradatim
superiora montis ascendit*, während B ausdrücklich erwähnt *die
mînen alle verbâren den ûfgang, denn ich alleine*. Ob dies auf
einer anderen Quelle beruht, oder nur gleichsam eine Bestäti-
gung von M (A) gegenüber Hdp enthalten soll, kann ich nicht
bestimmen.

Vers 3545—3560 (5320—5336) und 3561—3576 (5337 bis
5359) stimmen in MB Hdp, nur findet sich eine Abweichung in
der Zahlenangabe; nach M und der Hdp giengen bei der

---

[1] Vgl. Harczyk S. 167.
[2] Vers 3476 weicht B von M und den Quellen ab.
[3] Dieselbe wurde neulich von Richard Wagner komisch genug mit der
Gralsage verquickt in seinem ‚Parsifal. Ein Bühnenweib-Festspiel‘.

Schwimmtour *zvencich* (viginti), nach B aber *vierzig* Soldaten zu Grunde.

Vers 3577—3636 (5360—5447). Alexander und Candace. Sie hat nach MB zwei, nach Hdp, D, Ekk. und JV drei Söhne, bei PsK fehlt die Angabe. Beschreibung der Geschenke; M *andirhalp hundrith môre, di hâten lange ôren,* Hdp bietet keine Parallele und PsK wie JV III 18 sprechen nur von noch nicht mannbaren Aethyopiern. Ich halte die Lesart von B für entschieden richtiger *anderhalb hundert mœren, hâtten guldin ring in den ôren.*

Vers 3637—3750 (5448—5626). MB stimmen im Ganzen und Grossen überein. Ueber die Quellen vgl. man Harczyk S. 170 f.

Vers 3750—3772 (5627—5681). B ist kürzer als M und die Hdp, es blieben weg die *eislichen* Thiere, die *trachen, slangen, affen, mere katzin* und das *gefugele.*

Vers 3773—3794 (5682—5736). Die von Harczyk hervorgehobene Uebereinstimmung mit der Hdp fällt für B fort.

Vers 3795—3908 (5737—6108). Auch in B wird Alexander beim Empfange von der Königin geküsst. Diese Uebereinstimmung mit der Epit. ist gewiss eine zufällige, [1] man erinnere sich nur der gewöhnlichen Empfangsfeierlichkeiten. [2] — Beschreibung des Pallastes. B gibt kaum eine dürftige Aufzählung der Einschnitte, welche in der Erzählung durch den Fortschritt der Handlung hervorgebracht werden. Es heisst z. B. Vers 3815 ff. *. . fûrtte sy mich drat in ein schone keminat. da nach wist mich die küngin ze der dritten keminaten in. da nach fûrtte sy mich do in ein keminatten hoch.* Dies steht ganz ähnlich in M, das aber von jeder neuen *kemenâte* auch eine neue Eigenschaft zu berichten weiss. *Di frowe leitte mich do in eine andre kemenaten . . . do leitte mich die kuningin di dritte kemenaten in . . . do leitte si mich dannen in eine kemenaten ho.* B wird bis zum Ekel trocken. Das Folgende ist genauer überliefert und über die üppige Liebesscene leicht hinweggegangen: *dô sprach si an den stunden, daz si vil gerne tœte, wes ich si bœte. des fuorcht ich mich sinnen, daz ich si solte minnen. si*

---

[1] Harczyk S. 171.

[2] Vgl. Weinhold Frauen S. 392.

sprach ,nun bist dû mîn'. Ob darin eine Anlehnung an die
Quellen oder die schon einmal hervorgehobene Keuschheit der
Darstellung zu erkennen sei, lässt sich nicht entscheiden.
Wahrscheinlicher ist mir das Letztere.

Vers 3909—3984 (6109—6243). B stimmt mit M, nur der
Abschied ist etwas abweichend dargestellt. Die in M folgende
Scene zwischen Alexander und Candace, resp. ihren Göttern
(W 6244—6310) fehlt in B, das sich immer mehr von M entfernt.

Vers 3985—4081 (6311—6437). Alexander und die Ama-
zonen. Mit Ausnahme kleinerer Unterschiede (z. B. Vers 4013)
stimmt die Erzählung in M und B. Hierauf folgt in B

Vers 4082—4130. Alexander zieht nach *Babilony* und
bleibt daselbst *bis an sîn dôttes vart.* Er schreibt seiner Mutter
und seinem *meister* Aristoteles über seine letzten Siege. Ari-
stoteles antwortet mit einem Segenswunsche. Dann wendet sich
Alexander gegen *Og* und *Magog,* welche in *Paran* sassen und
vermauert sie in einem Gebirge *daz an die Pigine stôst.* Leo
sagt, aber in anderem Zusammenhange als B:[1] *inde amoto
exercitu venit in Babylonem quam suo imperio coartavit et occiso
rege Babylonis et Nabuzardon praefecto suo ibidem statuto usque
ad diem obitus sui ibidem per septem menses in pace moratus.
Statimque scripsit epistolam Olimpiae matri suae et Aristoteli
praeceptori suo de proeliis et angustiis quas in India perpessus
est, necnon et de multis certaminibus quae cum bestiis et monstris
exercuit. Aristoteles itaque rescripsit ei epistolam ita continentem,*
nun folgt der Brief selbst, der aber keine wörtlichen Ueber-
einstimmungen mit B enthält. Anders ist der Zusammenhang
in der Darstellung des Julius Valerius.[2] Nach dem Verkehre
mit den Amazonen wendet sich Alexander (III 27) nach Pra-
siaca, empfängt dann einen Brief von Aristoteles, zieht nach
Babylon, *in qua susceptus honoratissime, et sacrificia diis im-
mortalibus repraesentat, et certamen gymnasticum concelebrat:
atque inde iam pacificum iter coeptans hisce litteris ad Olympia-
dem matrem suam scribit.* Also der Unterschied zwischen B und
JV sehr gross. In den verschiedenen Fassungen des PsK be-
ginnt der Brief an Olympias unmittelbar nach der Erzählung

[1] Vgl. Zacher PsK S. 167.
[2] Vgl. Zacher a. a. O. 166 f.

von den Amazonen, [1] jedoch fehlen die Zwischenglieder. In der Chronik des Ekkehard findet sich — wie bei Leo — der Bericht über die Amazonen vor der Scene mit *Zephilus* (Hdp *Zephir*, vgl. oben), welcher Wasser bringt, jedoch nach den Begebenheiten mit Candace, von dem andern nur Spuren. Das Verhältnis stellt sich nun folgendermassen:

PsK:	Amazonen	—	—	—
JV:	Amazonen — Prasiaca — Brief an Aristoteles — Babylon			
Hdp:	—	—	—	Babylon
B:	Amazonen	—	—	Babylon
M:	Amazonen	—	—	—

PsK:	Brief an Olympias. — —
JV:	Brief an Olympias. — —
Hdp:	Brief an Olympias und Arist. — Antwort von Arist.
B:	Brief an Olympias und Arist. — Antwort von Arist.
M:	Schlussformel des ersten Briefes an Olympias u. Arist.

In B folgt dann die Besiegung der beiden Völkerschaften Gog und Magog. [2] In anderem Zusammenhange findet sich diese Scene auch in der Hdp, doch werden die *duodecim reges* aufgeführt und über das Ganze rasch hinweggegangen. In der jüngsten Gestalt des PsK (C) folgt die Erzählung von den sich schliessenden Bergen auf das Zusammentreffen mit den Amazonen und unter den zwei und zwanzig Königen werden Γώθ und Μάγωθ an erster Stelle genannt.

Dass die Anordnung in B nicht die ursprüngliche sein kann, ergibt der Widerspruch in den Versen 4086—4089 und 4108 ff. Es heisst: *dâ [in Babilony] bleib er mit gemach von aller urlieges sach bis an sîn dôttes vart. Doch det er ein hervart;* es folgt der Zug gegen Gog und Magog, der ins Paradies etc.

Vers 4131—4246 (6438—7000). Der Zug nach der Quelle des Lebens und was sich daran schliesst. B zeigt mit M kaum noch hie und da in einem Verse einen direkten Berührungspunkt und schliesslich bricht die Uebereinstimmung in beiden

---

[1] Zacher a. a. O. S. 167 f.

[2] Vgl. Weissmann II 468 dazu II S. v. Zacher a. a. O. S. 165 f. Vogelsteins Dissertation ist mir leider nicht zur Hand.

gänzlich ab. Jedoch ist hervorzuheben, dass B diese Expedition Alexanders erwähnt, trotzdem sie in der Hdp nicht steht, sondern in einigen Fassungen des PsK [1] und dem selbständigen Werke ‚Alexandri Magni iter ad Paradisum' überliefert ist.

Nun berichtet B eine Reihe von Abenteuern, die sich in M nicht finden, aber zum jüngeren Bestande der Alexandersagen gehören. [2]

1. Vers 4247—4280 Alexanders Taucherfahrt, 2. Vers 4281 bis 4312 die Luftfahrt, 3. Vers 4313—4345 die Bäume der Sonne und des Mondes. Diese Anordnung findet sich sonst nicht. In dem Strassburger Drucke der Hdp, welchen ich benutzte, und in D reihen sich folgende Begebenheiten an einander: a) Candace b) die Götter in der Höhle (PsK III, 24) c) wilde Thiere, eine Völkerschaft bringt Geschenke, Meerweiber d) die zwölf Könige, Gog und Magog (PsK III, 29. Vgl. Zacher S. 165 f. 172) e) Insel mit griechisch redenden Stimmen (PsK II, 38. Zacher S. 139) f) Luftfahrt g) Taucherfahrt h) verschiedene Abenteuer, von denen ich absehen kann i) Babylon etc. Die Bäume der Sonne und des Mondes waren schon früher in ganz anderer Verbindung erwähnt worden. Nach Zacher S. 133 bietet der Cod. Mon. 23489 folgenden Zusammenhang: α) Amazonen β) Luftfahrt γ) Insel mit griechischen Stimmen δ) Taucherfahrt ε) Vergiftung. Hartliebs Verdeutschung ordnet 2. 1., ebenso Ekkeh. (70, 49 ff.). Auch das Französische, dem 1. fehlt, bringt andere Abfolge. Die Ueberlieferung 1. 2. haben nebst B, die Leidner (L) und éine Pariser Hs. (C) des PsK, [3] darum darf sie wohl auch für Hdp angenommen werden.

1. Alexanders Taucherfahrt; [4] zeigt mit den Quellen keine Uebereinstimmung. Alexander gibt der liebsten seiner Freundinnen die Kette zu halten, weil sie ihm treu zu sein verspricht; sie wirft aber nach drei Tagen und drei Nächten, da ein Mann um sie wirbt, die Kette *in den bach;* Alexander wird nur gerettet, weil er eine Katze tödtet, die er zugleich mit einem Hund und einem Hahn in sein *glas* geschlossen hatte. In der Hdp (ebenso in D und in Hartliebs sog. Eusebius) wird Alexander

---

[1] Zacher S. 133. 140 f.
[2] Zacher S. 132.
[3] Zacher S. 133.
[4] Bekanntlich von Goethe Faust II (Hempel 13, 44) verwerthet.

einfach wieder herausgezogen; im PsK durch einen ungeheueren Fisch dem Verderben nahe gebracht, schliesslich aber ans Land geworfen. PsK II 38: ἔρριψεν [1] αὐτὸν ἐπὶ τὴν ξηράν. B 4276: *daz mer sluog in an daz lant*.

2. Alexanders Luftfahrt. Diese schliesst in PsK nicht direct an 1., wohl aber sind in Hdp (D und Hartlieb) und Ekkehard 2. und 1. durch keine weitere Scene getrennt. Auch hier geht B seiner eigenen Wege. Alexander lässt junge Greifen aus dem Neste nehmen und sie aufziehen, jedesfalls damit sie zahm werden, nach PsK sind die Vögel jener Gegend ἥμερα· βλέποντα γὰρ τοὺς ἀνθρώπους οὐκ ἔφευγον, nach Hartlieb *gezempt*, Aehnliches wird von Hdp und D nicht hervorgehoben; [2] Alexander lässt zwischen die Greifen einen Sessel binden und zwei Stangen [3] und Aas an die Stangen. So fährt er auf, eine Stimme warnt ihn, er sieht unter sich *einen huot: ez ist daz ertrîch*, er richtet seine Fahrt zurück und kommt *anderhalb hundert mîl* ferne von den Seinen wieder auf die Erde, so dass er ein ganzes Jahr gehen muss, bis er sein Heer findet. Das ist die Erzählung in B. Anders Hdp *tunc siquidem virtus divina obumbravit griffones, ut, dum crederent alta petere, ad terram infimam descenderunt in loco campestri longe ab exercitu suo itinere quindecim dierum*; [4] die Darstellung des PsK ist B ähnlicher, auch hier wird Alexander gewarnt, der Warner ist jedoch nicht eine Stimme, sondern πετεινὸν ἀνθρωπόμορφον, auch kommt er nur sieben Tagereisen [5] weit von seinem Heere zu Thal. Die Erde erscheint Alexandern im PsK und der Hdp (Ekk.) als Tenne, um die sich ein Drache schlingt, in D 65ᵃ *als ein agker mit korne geseet*, das Meer darum *gewunden* als *ein kroner trache*, in Hartliebs modernerem Werke als Kugel, die immer grösser wird, je mehr sich ihr Alexander nähert.

---

[1] ὁ ἰχθύς.

[2] Die Einleitungsscene fehlt in B gegen alle anderen. Alexander besteigt einen hohen Berg und wird dadurch erst auf den Gedanken gebracht, in den Himmel zu steigen. Sollte Aehnliches für die Lücke nach Vers 4280 angenommen werden?

[3] Sessel fehlt PsK, Hartlieb sagt *currus*, D *wayn*, Lambert Zimmer mit Fenstern (Weismann II 350), nur Ekk. 70, 51 *sedes*.

[4] Aehnlich Ekk. statt *quindecim* jedoch nur *decem*. Ebenso Hartlieb, der sonst stark abweicht. D gibt Hdp unverändert wieder.

[5] κατῆλθεν ἐπὶ τὴν γῆν μακρόθεν τοῦ στρατοπέδου αὐτοῦ ὁδὸν ἡμερῶν ἑπτά.

3. Alexander kommt zum Baum der Sonne und des Mondes; der erste prophezeit ihm *ze lande kunst dû niemer mêr*, der andere *dir duot dîn nechster kamerære mit grôsser gifte swære.* Alexander seufzt und antwortet auf die erstaunte Frage der Seinen, er sei nicht sicher, ob er schon Alles besiegt habe; hierauf kehrt er nach Babylon zurück. Mit Hdp ist B nur in den allgemeinsten Zügen verwandt, auch PsK und JV können nicht die directen Vorlagen von B gewesen sein, die Abweichungen sind zu bedeutend, nur Vers 4313 *er huob sich selb zwelften dan,* erinnert an die Aufzählung im PsK III 17 [1] συνειςῆγον δὲ τοὺς φίλους Παρμενίωνα, Κράτερον, Ἰόλλαν, Μαχητὴν, Θραςυλέοντα, Θεοδέκτην, Δίϊφιλον, Νεοκλῆν, ἄνδρας ια΄. D 57ᵇ zwölf.

Vers 4346—4389. Nun kehrt die Erzählung in B zu dém Punkte zurück, wo sie von der Hdp abwich, um anschliessend an M den Zug ins Paradies zu berichten und zwar setzt sie mitten in den Begebenheiten ein. — Eine der Frauen Alexanders gebiert ihm ein Kind, das bis zum Nabel tote menschliche, von da an Thiergestalt hat, die allein lebt. Der *meister* deutet dies auf Alexanders baldigen Untergang, wodurch Alexander tiefbetrübt wird. Er betet zu *Jupitter.* Dies Alles ist wörtliche Uebersetzung aus der Hdp: *cum itaque Alexander in Babylone esset, peperit quædam mulier filium qui a capite usque ad umbilicum hominis similitudinem habere videbatur et erat mortuus a capite usque ad umbilicum. Ad umbilico usque ad pedes diversarum gerebat similitudinem bestiarum et erat vivus* etc. PsK und JV weichen ab. [2] Die Anrufung Juppiters findet sich auch in Hdp und JV, doch zeigt nur B und Hdp Uebereinstimmung: *ich hât mir eins dinges erdâcht, daz wolt ich hân vollbrâcht. ich wênne, es dir gevelle nicht. ach hôcher got, wen daz geschicht . . . dô nim mich zuo dir in dîn rîch.* Hdp (= D) *decebat me amplius vivere ut possem adimplere magnalia* [sic] *quae mens mea cogitavit. Sed quia tibi non placet ut ea perficiam, rogo te ut me suscipias in subiectum.* JV III 30 nur *pro bone Juppiter, quam bona res est ignoratio metuendorum!*

Vers 4390—4489. Alexander wird vergiftet. Antipater kauft ein Gift, das nur in einem eisernen Gefässe zu halten

---

[1] Vgl. JV III 17 (sp. 124ᵇ).

[2] D hat die Erzählung, Ekk. nicht, Hartlieb vollkommen verschieden.

ist und schickt damit seinen Sohn Cassander zu Jobal, seinem
zweiten Sohn, er möge Alexander vergiften. Jobal, ein Lieb-
ling des Königs, war gerade durch ihn gekränkt worden,
führt daher den Auftrag bei einem Gastmahle aus und da
Alexander nach einer Feder verlangt, sich zum Brechen zu
reizen, reicht er ihm eine in Gift getauchte. Alexander lässt
sich in sein Schlafgemach bringen, unter dem der *Einfrattes*
fliesst. — Die Erzählung stimmt wieder wörtlich zur Hdp,
während PsK und JV zum Theile weit abliegen. Es genügt,
auf einzelne Details hinzuweisen. B *zuo einem arzât er dô
gieng, er kouft vergift sô gar unrein* .... Hdp (= D) *abüt
igitur Antipater ad medicum peritissimum et emit ab eo potionem
venenosam* ...[1] PsK III 31 .. ἐσκεύασε φάρμακον δηλητήριον ..
JV III 31 ... *venenum Antipater laborat curiosum admodum
efficaxque* ... Ferner z. B. Hdp *Alexander vero turbatus in-
gressus est cubiculum et quaesivit unam pennam ut mittens eam
in guttur suum sumpta venena repelleret. Cassander vero caput
tanti mali pennam ei dedit eodem veneno linitam. Ipse vero
mittens in guttur suum ut vomeret, sed magis ac magis cepit
eum veneni sumptio coartare.* Davon nichts in PsK und JV.[2]
B sagt: *nun hies er im bringen dar ein vedren, mit der er wolte
in die kelen grîfen, dô von solte von im brechen an der stund,
was bœses in im wêr worden kunt. jobas das wol bedâchte, vil
bald er(s) im prâchte; die veder (er) mit der gift bestreich, dâ von
Alexander entweich sîn kraft und al sîn macht. dô er si in die
kêlen stach(t) die gift brach în je mê und je mê.*

Vers 4490—4534. Um Mitternacht erhebt sich Alexander
von seinem Lager und will sich in den Eufrat stürzen, wird
aber von Roxane zurückgehalten, die ihn wieder in sein Gemach
bringt und auffordert für ihr aller Heil zu sorgen. Alexander
lässt seinen obersten Schreiber Simeon kommen und dictiert
ihm sein Testament. — Auch hier übersetzt B die Hdp. Die
erste Scene überliefert die älteste Fassung des PsK,[3] in den
jüngeren und jüngsten ebensowenig eine Spur davon wie im
Werke des JV. Die Uebereinstimmung zwischen B und der
Hdp geht wieder bis auf Worte: B *er lasch daz liecht daz dâ*

---

[1] Fehlt Ekk., dessen Darstellung sonst Hdp sehr nahe steht.

[2] Ekk. stimmt nicht so genau wie Hdp.

[3] Zacher S. 173.

bran Hdp *candelabrum quod ante ipsam lucebat extinxit.* Ein grösserer Zusatz findet sich, der interessant ist. Roxane sagt zu Alexander: *dû solt herre gedenken, wer im selber duot den dôt, daz der kunt in grôssi nôt.* [1] Kürzlich hat Philipp Strauch ‚Die Offenbarungen der Adeheid Langmann‘ QF. XXVI S. 117 f. Einiges über den Selbstmord im Ma. zusammengetragen und eine ausführliche Darstellung versprochen. [2]

Vers 4535 – 4592. Alexanders Testament. Der Anfang stimmt in B und Hdp genau: [3] *Rogamus te, Aristoteles, carissime magister noster, ut ex thesauro nostro regali distribuas inter sacerdotes Ægypti, qui templis deserviunt, auri talenta mille . . . custos corporis nostri et gubernator vestri Ptholemeus existat . . . . Item dico vobis, ut, si Roxana genuerit masculum, nostro fungatur imperio et nomen ei, quodcunque volueritis imponatis. Si vero feminam genuerit, eligant sibi Macedones regem,* [4] *et sit ipse rex et ipsa regina.* Die weiteren Angaben differieren bei beiden in der Anordnung, wie im Thatsächlichen.

Vers 4593—4599. *. . . erdbidem und donvr grôz, und vil menig plix schôz.* Alexanders Tod wird bekannt. Hdp . . *subito facta sunt tonitrua, fulgura et terrae motus magni et tremuit tota Babylonia. Tunc per universam terram promulgatus est interitus Alexandri.*

Vers 4600—4650. Die Macedonier wollen ihren König noch einmal sehen, Alexander spricht zu ihnen, sie erbitten Perdica zum Herren, was ihnen gewährt wird; schliesslich küsst Alexander jeden einzeln auf den Mund. Die Erzählung in B stimmt wie in der Anordnung so im Detail mit der Hdp (D), während PsK — JV und Ekk haben nichts Entsprechendes — grossentheils abweicht.

Vers 4651—4672. Ein Mann, Namens Spellius, spricht zu Alexander, worüber dieser so erzürnt wird, dass er sich aufsetzt

---

[1] In der Kaiserchronik 31, 17 heisst es ähnlich: *swer im selbe tuot den tot der ist ewicliche uerdampnet.* — Wigamur Vers 325 ff. tötet sich Lesbia selbst.

[2] Ich fand im deutschen Minnesang das Motiv des Selbstmordes nur éinmal verwerthet (auch da nicht sicher) bei dem von Gliers (MSH I 103ª) *dem tiefen sê bevilhe ich ê min houbet unt minen vuos ê ich der vrouwen min ie mêr guoten hulden enbære, mir wære gar der lîp unmære, guot unt allez, das ich hân.*

[3] Ekk. und die anderen weichen stark ab. D 73ª f. übersetzt Hdp.

[4] Ebenso Ekk., der nächste Satz fehlt.

und ihn schlägt, dazu sagt er einige betrübte Worte. — Der Zusammenhang ist nicht klar. PsK gibt mit seiner kurzen Ausführung keinen Aufschluss und die Hdp wie D sind nicht klarer als B, der mit ihnen bis aufs Wort stimmt. In der Hdp heisst der Macedonier Solenicus, in D *Seleucus*. B *er richt sich ûf daz er dô saz, er gab im einen starken streich* ... Hdp *Tunc Alexander crexit se in lecto et sedit et sibimet alapam dedit* ... B *in mecidonischer zunge er dô sprach* ... Hdp ... *cepit* ... *in lingua macedonica ita proferre*.

Vers 4673—4696. Alexanders letzte Worte, sein Tod und Begräbnis. B ist kürzer als die Hdp.

Vers 4697—4734. Schluss, Zusammenfassung. Ueber Alexanders Gestalt, Alter etc. mit Anlehnung an die Hdp Einiges erwähnt. Endlich Schlussformel.

———

Somit stehe auch ich am Schlusse meiner Betrachtung. Ich bezeichnete sie ausdrücklich als Einleitung zu B, daher sah ich von den Beziehungen Lambrechts zu den gleichzeitigen Werken ab, berührte mit keinem Worte die vielen Uebereinstimmungen zwischen ihm und Heinrich von Veldegge, [1] deren Behandlung grosses Interesse darbieten würde: kurz ich wollte nicht über Lambrecht, seine Persönlichkeit und seine Leistung, sondern nur über die éine Bearbeitung seines Werkes sprechen. Dass ich dabei Manches berühren musste, was auch für das ganze Denkmal von Bedeutung ist, versteht sich von selbst und wird hoffentlich nicht als Durchbrechen der selbst geschaffenen Schranken angesehen werden.

Schliesslich erübrigt mir, den Bibliotheken von Basel, Dresden, Graz, Salzburg, Strassburg i. E. und Wien meinen Dank auszudrücken.

Salzburg, Mai 1878.

[Während des Druckes erschien die Arbeit von Karl Kinzel in der Zs. f. d. Phil. X 47 ff. Ueber ihr Verhältnis zu meiner Untersuchung und über ihre Mängel muss ich an anderem Orte ausführlicher handeln. Graz, Ende März 1879.]

———

[1] Vgl. Harczyk S. 29. Scherer QF. VII 60. Rödiger Anz. I 78. Lichtenstein Zs. 21, 478 f. Demnächst werde ich näher darauf eingehen.

———